『河合榮治郎から塩尻公明への手紙
——師弟関係の真髄——』

まえがき

拙著『戦没学徒　木村久夫の遺書』（2016年7月刊）に続いて執筆していた4つの論稿は、本年2月に『現代に生きる塩尻公明と木村久夫』として出版した。同書の論稿とほぼ並行して執筆していた2つの論稿をまとめたのが本書である。収録を予定していた長文の「塩尻公明の人格完成の概念について」は、今しばし推敲を重ねるべく、他日の出版としたい。

第1章の「河合榮治郎から塩尻公明への手紙」は、河合が激動と受難の時期に塩尻に書いた手紙を素材に、二人の師弟関係の麗しさ、学問研究への熱情などを読み取ろうとした論稿である。筆者としては、なぜ塩尻公明が恩師の河合榮治郎を生涯にわたって敬愛し続けたのか、なぜ塩尻を河合の学問の真の継承者であるとしたのかの問題提起もしたつもりである。

第2章の「塩尻公明と塩尻卯女―卯女の『おぼへがき』の考察―」は、卯女の『おぼへがき』を素材としながら、義母の卯女が塩尻公明の生き方に与えた影響を検証しようとした論稿である。

第1章の資料となった河合榮治郎から塩尻公明への手紙も、第2章の資料となった卯女の『おぼへがき』も、ともに塩尻公明先生のご遺族から提供を受けたものである。前者は、長男の塩尻道雄氏から、後者は、次男の塩尻弘雄・節子ご夫妻から、である。

提供されたこれらの資料が公開されるのは、これが初めてである。いずれの資料についても、公表の承諾を得ているものである。敢えて筆者がこれらの資料を論稿の素材として扱ったのは、提供された資料のいずれもが歴史的文化遺産として共有すべき価値があると考えたからである。原資料を原文のままに再現したのも、そのためである。歴史的人物としての河合榮治郎や塩尻公明や塩尻卯女の生き方や思想に関心を持つ人々には、何がしかの参考になるであろう。

筆者の解釈が的を射ているかについては自信がないが、今となっては賢明なる読者のご批判に委ねることにしたい。

著者

2018年2月23日

目　次

第1章　河合榮治郎から塩尻公明への手紙

はじめに

本稿は、河合から塩尻へ出した手紙を紹介し、その内容について若干の解説を加え、その意義を明らかにすることを目的とする。極めて小さな領域を占めるに過ぎない考察であるが、河合と塩尻に関心のある人々にとっては参考になるのではないかと考える。

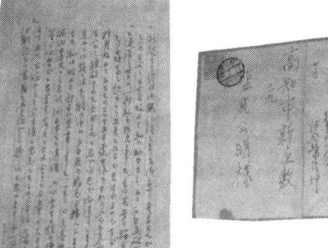

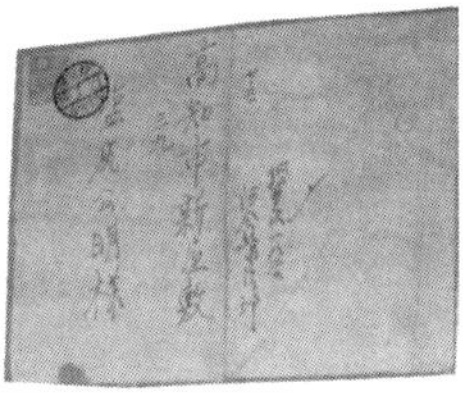

さて、塩尻公明が晩年に執筆した「河合先生の手紙」は、恩師の河合から塩尻へ出した「手紙」を紹介し、解説した随想文である。塩尻はその文の冒頭部分で、次のように書いている。少し長いが引用する。

河合先生が私に下さった手紙や葉書や絵葉書は、相当の数に上っている。…先生の手紙を公開することについては、いろいろの躊躇があった。例えば、個人的な私信を公開するためには、御当人の許可をえる必要があるだろう。また、私への私信であるからには、私個人の生活や仕事に関連する内容のものであることも多く、先生の言行録の一部を公開するというよりも、私個人の身の上話を公開する、という臭味が強くなっても困るであろう。しかし、いろいろと考え迷うた末に、いやしくもここに引用することにふみ切った手紙は、一言半句も省略することなしに、その全部をありのままにのせることにした。（ただし、仮名づかいとおくり仮名とを現代風に書き改めたほかは）。これらの手紙を書かれた時期の先生が、どのように疾風怒濤の生活のただ中にいられたか、またそれにも拘わらず、ただの一人の教え子のためにも、どのように親切にこまやかに心をくばられたか、をできるだけ推察してもらうためには、その方がよろしかろう、と思われたからである。(1)

筆者が塩尻のこの文章を本稿の冒頭に引用したのには、次のような理由からである。

１つは、塩尻が恩師の河合から相当数の手紙や葉書を受け取っていたということを明らかにしておく必要があると考えたからである。その数がどれほどであったかについては未確認であるが、本稿では、それらのうち、塩尻のご遺族から提供された手紙を紹介し、考察するということである。したがって、本稿で取り扱う手紙は、その相当数のうちの一部分に過ぎないということである。

２つは、こちらの方が遥かに重要で、核心であるのであるが、個人から個人宛の私信を公開し、さらにそれに考察を加えて行こうと企図している本稿にとって、幾つかの留意点を教えてくれていると考えたからである。

筆者が注目した箇所は、河合から手紙を受け取った本人である塩尻が、その手紙を公表することについては「いろいろの躊躇があった」が、「いろいろと考え迷うた末に、いやしくもここに引用することにふみ切った」と書いているところである。

だが、ありがたいことに、塩尻はいろいろと躊躇し、いろいろと考え迷った点を、その文中で提示してくれているのである。それらを次にまとめてみよう。

その１は、「当人の許可をえる必要がある」ということである。

これは当然のことわりであろう。ただし、河合の場合のように、故人となった場合はどうすべきであろうか。まして河合のように、歴史的人物の場合はどうすべきであろうか。

その2は、「一言半句も省略することなしに、その全部をありのままにのせる」ということである。

この理由について、塩尻は「私への私信であるからには、私個人の生活や仕事に関連する内容のものであることも多く、先生の言行録の一部を公開するというよりも、私個人の身の上話を公開する、という臭味が強くなっても困るであろう」から、と書いている。つまり、私信の公開は、送り手と受け手にとってその各々の私生活に関する内容の公開になるから、できるだけ客観性を確保するために、全文を公開するのがよい、というのであろう。

その3は、文章の行間を読む、または文章の背後にあるものを読み込むことが重要であるということである。

塩尻は「一言半句も省略することなしに、その全部をありのままにのせる」理由のまた一つとして、書き手が「どのように親切にこまやかに心をくばられたか、をできるだけ推察」することの大切さを書いているが、この指摘は、読み手は、文章の表の意味の理解のみならず、文章の行間や文章の背景に秘められた書き手の心をも読み取る努力をしなければならないということであろう。

これは、大切な指摘であると考える。事務的な手紙や簡単な連絡だけの手紙ではなくて、重要な内容の手紙であればあるほど、慎重にあれこれと思いを巡らして深く読み取ることが要請されるはずであるからである。

以上、塩尻の「河合先生の手紙」の冒頭の一節から、執筆に当たっての留意点を3点学ぶことができた。

しかしながら、「河合先生の手紙」の執筆者は塩尻であり、同時に彼は、河合から手紙を受け取った当事者でもあった。河合は既に故人であったけれども、塩尻が生存し、河合の手紙を読み返しながら、在りし日の河合との想い出を綴っていったのであった。

ところが、これから筆者が本稿で扱う「河合榮治郎から塩尻公明への手紙」に至っては、手紙の書き手も受取り手も、すでに故人であるという現実がある。また、その二人にとって、筆者はまったくの第三者である。そうであるならば、故人間の手紙を公開するに当たって〝更なる注意〟が要請されよう。

実のところ、筆者はこの〝更なる注意〟についていろいろと考えてみた。その思考の末に行きついたところは、やはり研究者として二人の手紙を考察するという結論であった。これは、我田引水的な結論であるが、正直に言って、これくらいしか考えつかなかったということである。

この結論から、塩尻の引用文から学んだ3点に、更につぎのような留意点を追加できそうである。

その４は、資料の提供者から資料を受け取るときに、その資料を研究資料として公開してよいかどうかの確認を取っておくということである。これは、その1と類似しているが、ここでは資料が故人に関係する場合、ご遺族の承諾を得ておくということである。

その5は、資料として引用する場合にも、引用箇所が文脈と関係がなく、明らかにプライバシーの侵害になる（と筆者が判断する）場合には、その箇所を引用しないということである。

その6は、すでに歴史上の人物として扱うことが認められている（と筆者が判断する）場合には、（可能な限り）事実を記述するということである。研究に当たっては、真実と事実に基づいて真実と事実とを明らかにするという姿勢が大切であるからである。

その7は、提供された資料が価値ある資料である（と筆者が判断する）場合、できるだけ広く世の人々と共有化することは、人々の知的財産を豊かにし、ひいては人類の文化の進展に資することになるのではないかということである。まして価値ある資料が埋もれている場合は、なおさらのことである。

その8は、研究者は自らが発見した資料や他から提供された資料を（例えば、文書や映像の形で）公的なものにする使命と責任とを負っているのではないかということである。

もし研究者が発見者、紹介者、仲介者、代行者としての任務を果たすことがなければ、貴重な資料が埋もれたままか、消失してしまうことになるかも知れないからである。そうなれば、人類の知的遺産の忘却と放棄とにつながりかねないのである。

本稿の場合、塩尻家から河合榮治郎の手紙の提供を受けることができたから、このような論稿が書けたのであった。筆者がその紹介者として適任者であったかについては疑問が残るとしても、筆者としては、以上のような考えのもとに、研究者としての使命と責任とを果たしていきたい（『河合榮治郎全集』に書簡集は未収録という。至急、編集され追加されることを訴えておきたい）。

なお、河合と塩尻とついてはすでに数冊の評伝が書かれているので、それらも参照していただきたい。[2]

注

1　塩尻公明「河合先生の手紙」『社会思想研究』20巻8号、社会思想研究会、1968年、13頁

2　主要な単行本のみを示しておきたい。

・河合榮治郎の評伝等

社会思想研究会編『河合榮治郎　伝記と追想』社会思想研究会出版部、文庫、1948年。
（特に木村健康「河合榮治郎の生涯と思想」、13～146頁）

江上照彦「河合榮治郎伝」『河合榮治郎全集』（別巻）、社会思想社、1970年。

同『河合榮治郎伝』社会思想社、1971年。

同『河合榮治郎教授』講談社学術文庫、1981年。

粕谷一希『河合榮治郎　戦う自由主義者とその系譜』日本経済新聞社、1983年。
松井慎一郎『戦闘的自由主義者　河合榮治郎』社会思想社、2001年。
同『評伝　河合榮治郎』玉川大学出版部、2004年。
同『河合栄治郎　戦闘的自由主義者の真実』中公新書、2009年。
青木育志『教養主義者　河合榮治郎』春風社、2012年。
川西重忠『断固たる精神　河合榮治郎』桜美林大学北東アジア総合研究所、2013年

・塩尻公明の評伝等
中谷彪『塩尻公明―求道者・学者の生涯と思想―』大学教育出版、2012年。
同『受取るの一手―塩尻公明評伝―』大学教育出版、2013年。
同『塩尻公明評伝―旧制一高教授を断った学究的教育者―』桜美林大学北東アジア総合研究所、2013年
同『現代教育思想としての塩尻公明―人格主義の教育論―』大学教育出版、1999年。

１　塩尻の「河合先生の手紙」について

(1)　塩尻の「河合先生」論稿

塩尻は敬愛する恩師の河合について、彼の随想文や研究論稿でしばしば触れている。それらを一つ一つ挙げていけば際限がない。そこで以下では、塩尻が河合の名前を直接の表題とした評論文・論文に限って抽出し、それらを執筆年代順（脱稿順）に列挙してみることにする（塩尻は脱稿年月日を文末に入れることを原則としていた。記載のないのは編集部で削除されたと思われる。その場合は出版年を脱稿とした）。

①「河合先生の想い出」『河合榮治郎・伝記と追想』（河合榮治郎全集・別巻）、社会思想研究会出版部、１９５２年、２３２～２４４頁。１９５２年脱稿。

②「河合教授と手近の理想主義」、塩尻公明・木村健康・猪木正道『現代随想全集』第16巻、創元社、１９５４年、63～79頁、この論稿は、塩尻公明『宗教と人生』現代教養文庫、１９５５年、１８５～２０３頁、同『若き友に贈る―塩尻公明人生論―』現代教養文庫、１９６６年、１０９～１３０頁にも収録されている。１９５４・４・24脱稿。

③「河合栄治郎と倉田百三」、塩尻公明『人格主義と社会主義』現代教養文庫、1957年、63～120頁。1956・11・12脱稿。

④「河合先生の部屋」、塩尻公明『老春と青春』神戸近代社、1960年、124～130頁。

(『週刊読売』1958・6・16日号所載)。

⑤「河合先生の思い出」『社会思想研究』社会思想研究会、1962年、14巻3号、4～7頁。

1962・2・17脱稿。

⑥「〝自然は偉大、先生は稀小(?)〟」『河合榮治郎全集』第3巻「社会政策原理」、社会思想社、月報6、1968年。

⑦「河合先生の手紙」『社会思想研究』社会思想研究会、1968年、20巻8号、4～7頁。13～22頁。1968・4・9脱稿。

⑧「解説」『河合榮治郎全集』第18巻「学窓記」、社会思想社、1968年10月刊、365～380頁。1968年脱稿。

これは、河合榮治郎全集・第18巻「学窓記」の編者塩尻公明による詳細な解説であるが、河合の43歳以降の評伝でもある。

以上の8篇の「河合先生」論稿は各々貴重な資料を含んでいるので、以下の解説文の記述に当たって、適宜、引用していく予定である。

(2)　塩尻の「河合先生の手紙」に学ぶ

塩尻の８篇の「河合先生」論稿の中でも、⑦の随想文は「河合先生の手紙」と題したものであり、河合から塩尻に送られてきた手紙の二、三を紹介し、解説したものである。同随想文は、河合先生の手紙の背景の説明を言い尽くしているところがあり、たいそう有益である。

もし本稿に価値があるとすれば（塩尻の先の同随想文が河合の二、三の手紙を紹介してはいるものの、手紙の全文を紹介しているのは１通のみに過ぎない）、12通の手紙（塩尻が「河合先生の手紙」で全文を紹介した１通は、筆者が塩尻のご遺族から提供された11通の河合の手紙の中には含まれていないものであったで、本稿ではその１通を加えさせていただいた。）を紹介と解説の対象にしているという点にあろう。

(3)　河合から塩尻への12通の手紙

なお塩尻は、先に「河合先生が私に下さった手紙や葉書や絵葉書は、相当の数に上っている」と書いていたが、「相当の数に上っている」手紙や葉書や絵葉書が果たして何通であるかは確認しえていない。筆者の入手しえた手紙は、上述したように12通であり、葉書や絵葉書については全く入手できていないでいる。したがって本稿での紹介と解説は手紙だけの12通である。

これらの手紙に前後して塩尻が出した手紙が河合に届いているはずであるが、それらがどうなっているのかについては知る由もない。したがって本稿は、往復書簡の紹介と解説にはならず、河合から塩尻への一方通行の手紙の紹介と解説になる。ご了承を願う次第である。今後、入手するような機会があれば、その時は、改めて本稿の続編を書いてみたいと考えている。

(4) 河合から塩尻への手紙一覧

ここで、本稿で紹介し解説を付する河合から塩尻への12通の手紙の一覧を、時代順に掲載しておこう。

	(手紙にある年月日)	(発信住所)
(1)	1936(昭和11)年7月19日(日)の手紙	：軽井沢1885
(2)	1936(昭和11)年8月2日(日)の手紙	：同上
(3)	1937(昭和12)年7月21日(水)の手紙	：軽井沢1820
(4)	1938(昭和13)年8月16日(火)の手紙(速達)	：軽井沢1750(別荘)
(5)	1939(昭和14)年2月25日(土)の手紙	：自宅(東京都品川区大井庚塚町4948)
(6)	1939(昭和14)年7月13日(木)の手紙	：軽井沢1760

(7)　1939（昭和14）年10月18日（水）の手紙：自宅
(8)　1939（昭和14）年12月6日（水）の手紙：自宅
(9)　1941（昭和16）年7月末日（木）の手紙：軽井沢1750（別荘）
(10)　1942（昭和17）年6月30日（火）の手紙：軽井沢1750（別荘）
(11)　1943（昭和18）年2月19日（木）の手紙（速達）：自宅
(12)　1943（昭和18）年10月31日（日）の手紙（塩尻「河合先生の手紙」20頁より引用）：自宅？

以上である。屋上に屋を架すようであるが、若干のコメントをしておきたい。

その1は、上記の河合から塩尻への12通の手紙は、1936年7月から1943年10月までの7年間に書かれたものであるということである。

その2は、12通の内訳は、1936年が2通、1937年と1938年が各1通、1939年が3通、1941年が1通、1942年が2通、1943年が1通であるということである。

内訳が示しているように、本稿で扱う12通の手紙は、7年余りの間に書かれたものであることがわかる。すなわち1936年7月の最初の手紙は、河合が東京大学経済学部長職（1936年3月31日～1937年3月30日）に在ったときのそれであり、最後の手紙（1943年10月10月31日）は、河合が出版法違反で有罪が確定して半年後のそれであり、それはまた、河合が急逝（1944年2月

15日）する3カ月半前に書かれたそれであるということである。

これら12通の手紙が上記の7年の期間に書かれたということは、本稿の分析と考察にとって少なくとも次の2つの意味を検討することを加味すると考える。

1つは、この7年間は、河合が青年期や前期壮年期の手紙ではなく、河合の後期壮年期から晩年に書かれた手紙であるということである。それゆえに、河合のこれらの手紙には、彼が生涯で最終的に到達した人生観や思想が示されているはずであるということである。

2つは、12通の手紙は、精力的な研究活動を進める一方で、東大経済学部内の勢力争いや、出版法違反に対する裁判闘争の渦中にあった河合によって書かれたものであるということである(1)。いわば人生最大の激動期にあった河合によって書かれた手紙の分析と考察とは、河合という人物の人間観と思想とをより一層鮮明に明らかにすることができるのではないかということである。

その3は、本稿で取り扱う河合の12通の手紙の発信場所が、一通は自宅からであるが、その他は自宅以外（本稿の場合、ほとんどが軽井沢）からとなっているということである。

この理由は単純であるので、ここで説明しておこう。

河合は東京都大田区大井町に自宅と書斎とを構えていたが、まとまった時間が確保できる週末や長期の休暇の時には、初めの頃は箱根仙石原の旅館「俵石閣」に、後には軽井沢に購入した「別荘」に籠もった。仕事（主として読書と思索と執筆）をするためである(2)。

もっとも河合は、箱根仙石原の旅館「俵石閣」、軽井沢の「別荘」以外の旅館、例えば軽井沢、蒲郡、奈良、下田などの旅館などに宿泊した場合もあったが、いずれの場合も、主要には仕事をするためであって、そのため河合は、たくさんの本や資料を鞄に詰めて持ち歩くことを常とした。

今、上記の12通の手紙の場合に限定すると、(4)以後の手紙の住所が「軽井沢1750」となっているが、これは、河合が1938（昭和13）年8月中頃に、この地に「別荘」（別宅）を購入したからである。(3)これ以降、河合は、週末や長期休暇には、ほとんどこの軽井沢の別荘に籠もって研究三昧の生活を送った。

注

1　今少し説明すれば、河合は1938年2月に、彼の4著作（『ファッシズム批判』『時局と自由主義』『社会政策原理』『第二学生生活』）が内務省によって発売禁止処分に付され、次いで翌年2月に、これらの著作等における言論が「安寧秩序を紊乱するもの」（出版法第17条）として起訴された。

一方、学部内では、土方成美教授一派とのセクト対立が激しくなり、果てには平賀譲総長の裁定によって河合は1939年1月31日に、土方は2月13日に休職処分を命じられるに至った（いわゆる「平賀粛学」という）。

免官後、河合は裁判闘争に明け暮れることとなった。東京地裁では、河合は海野普吉弁護士や弟子で特別弁護人を務めた木村健康の尽力もあって無罪判決を勝ち取ったが、1941年4月からの東京高裁では、一転有罪（300円の罰金）となり、さらに上告するも大審院で棄却とばり、1943年春に有罪が確定した（この事件が、いわゆる「河合榮治郎事件」と呼ばれている）。

2　この生活スタイルについて、木村健康は次のように書いている。「東京にいれば、大学であろうが自宅であろうが次ぎ次ぎに訪客に責められ妨げられるので、教授は義弟高田正氏の勧説に従って毎週必ず週末旅行に出ることとした。金曜日の晩大学の一週間の用件を済したあとで東京をたち、土曜日曜を旅先で暮らし、月曜日の午後帰京するという週末生活がはじまった。」（木村健康「河合榮治郎の生涯と思想」『河合榮治郎・伝記と追想』河合榮治郎全集・別巻、社会思想研究会出版部、1952年、49～50頁。

3　『河合榮治郎全集』（以下、全集）23巻、日記、社会思想社、94～95頁参照。

2　河合榮治郎から塩尻公明への手紙―紹介と解説―

以下では、河合榮治郎が塩尻公明に送った12通の手紙について紹介し、その後、若干の解説を付していく。

⑴　１９３６（昭和11）年7月19日の手紙

○拝啓

過日ミルの論文集第一巻を御送りしましたが御受取りのことと思います。実は今般私の主宰の下に経済学名著翻訳刊行会と云うのを作り、著書を邦訳して出版することを始めました。何れそれに関する内規のようなものはお送りしますが、その中の一つとしてあのミルの論文の中の「ベンサム」と「コールリッヂ」とを御訳して出版する積はありませんか。此の論文は中々よいもので思想史上に意味あるものと思いますし、貴兄がやってみてもやり甲斐があると思いますから御勧め致します、そして巻頭にはミル及びその論文に関するかなり長文の序説を付けることを特色としたいと思いますが、如何でしょう。書店は有斐閣で、印税は定価の一割で、千部丈の印税は会の基金で保証することになっています。

右取敢えず御願い迄、お返事を待ちます。

7月19日　　　　　　軽井沢１８８５、

河合榮治郎

塩尻学兄

〈解説〉

塩尻が高知高等学校の教授に就任してから6年目に、河合から届いたのが右の手紙である。この手紙の解説に入る前に、まず、「特異な経験」を経て高知高等学校の教授になっていた塩尻の経歴を紹介し、そのあとに、この手紙の内容の解説に入ることにする。

〈放浪する河合門下の塩尻〉

初期の頃の河合門下の俊秀の一人であった塩尻公明は、天分と愛欲の問題に悩み、東京帝国大学法学部卒業後、直ちに西田天香の主宰する一燈園に入り、随喜の感情を獲得するための修行に入った。一燈園生活は2年半で終えるが、その後塩尻は、一高時代からの親友の苅部一衛が病気静養のために帰郷していた越後曽根村に彼を尋ね、借家を借りて晴耕雨読の生活を送る。しかし、この生活も1年半で切り上げ、今度は、大阪の北摂の順正寺で座禅の修行をする。

〈河合の推薦で高知高校の教師に〉

塩尻の困窮した生活状況を知った友人は、恩師の河合榮治郎に塩尻の就職の斡旋を依頼する。

河合は、大学卒業後約5年間の浪人生活（無収入の生活）を送っていた塩尻を、たまたま空席のあった高知高校の法制経済の教師に推薦する。高知高校の西川順之校長は塩尻の日記を読んで、思わず、「この人は神経衰弱ではないか」と疑ったという。この時、河合が校長に書いた塩尻の推薦状は、「大学を出てから5年間、ろくに勉強をしていないらしいので、いますぐによい教師というわけにはとてもゆくまいが、借すにしばらくの年月をもってすれば、よい教師となりうる可能性をもっている」(1)という内容であったという。

〈猛勉強する塩尻〉

塩尻が高知高校に赴任したのは1930（昭和5）年3月であった。塩尻は着任早々から、これまでの浪人生活で疎かになっていた学問研究の時間を取り戻すために、また、差し迫った授業を少しでも充実したものとするために猛勉強を開始する。塩尻が「一四の原則」（最低のノルマとして、1時間の坐禅と4時間の勉強を日課とする。もし計画通りに進まない場合は、後日、そのツケを補填する。）なる生活方法を実践し始めるのも、この頃からである。

当時の勉強ぶりを、塩尻は次のように述懐している。

教師になって数年の間は、毎日の講義の材料を何とかととのえるということだけで、精いっぱいであった。じつに忙しくあわただしく、春・夏・冬の休暇中にも、少しのひまもなく、たえず無限の重荷をせおわされている感じであった。『法制経済』という広汎な題目を担当させられる教師であった。…高等学校によっては、『法制』の担当者と、『経済』の担当者とが、分かれているところもあったらしいが、私の奉職したところは、そうではなかった。大学で教わったこともほとんど忘れてしまっている私が、この広い領域を担当するのであるから、授業の準備と両立させて、自分独自の勉強をし自分の専門をもつということは、まったく不可能であった。

しかも文字通り馬鹿正直に、法制というからには法律学・政治学・社会学の知識を一通りもたねばならぬと考え、経済というからには経済学・経済史・財政学などの一般の知識をもたねばならぬと考えたから、たいへんであった。当時わが国で出版されていた法律学全集、政治学全集（当時はまだ社会学に関する全集はなかった）と二種類の経済学全集のほかに、私自身には少しも興味のわかない、経営学全集・商学全集・統計学全集の類まで読みあさり、また各種の産業に関する具体的知識をもたねばならぬと考えて、その種の著書をもあさり読んだ。今思えば、心身を浪費し私自身を破壊するほかないようなものであったと思う。(2)

〈塩尻、生徒たちを魅了する〉

このように「心身を浪費」し、自分「自身を破壊する」ほかないほど「馬鹿正直」に勉強して授業に備えても、教壇では、「正直病」にかかっているかのように、たびたび「私はこのことについては何もしらない」とか、「このことについてはも少し勉強してみないと何もいえない」[3]とかを口にしていた塩尻であった。しかし、彼は青年生徒たちを魅惑する不思議な魔力を備えていて、瞬く間に彼らを魅了してしまった。同僚の教師たちは、塩尻は「生徒たちを金縛りにする神通力」を持っている、と驚嘆した。

１９３０年代後半以降、軍国主義の色彩が日本社会を着実に染め出し、大学や高等学校へも介入してきて、教師や学生の思想の自由を統制しつつあった時代にあって、高等学校の授業科目では法制経済と哲学が、クラブでは弁論部が思想問題の鬼門であった。ところが、法制経済を担当し、言論部の部長を引き受ける塩尻の指導ぶりはみごとなものであった。塩尻の教師としての評価は、上りに上がった。当初の「この人は神経衰弱ではないか」から、程なく「全く掘り出し物ですよ」にとって代わった。

その後、塩尻が高知高校の名教授として活躍していくことについては、縷々別著で論じたことがあるので、それらを参照していただきたい[4]。

〈河合が塩尻にミル研究を勧める〉

前置きが長くなったが、ここから、先に掲載した河合から塩尻への第一の手紙について解説していく。

この手紙の要旨は、「経済学名著翻訳刊行会」を作り、今後「経済学名著翻訳叢書」として翻訳書を刊行し始めたが、今度、その叢書のうちの一書として、J. S. Millが執筆した2つの論文「ベンサム」と「コールリッヂ」の翻訳を担当してくださいませんか、というものである。

翻訳の依頼文であるが、気心の知れた河合と塩尻の間であるから、説明も簡素簡潔である。「経済学名著翻訳叢書」に関する内規に至っては、「何れ…お送りします」という具合である。ただし、文面からは、早く翻訳担当者を決めたいがために、塩尻の諾否を急いでいるように窺える。

〈「経済学名著翻訳叢書」〉

それでは、河合が立ち上げた「経済学名著翻訳刊行会」の実体は何で、また同会が刊行し始めた「経済学名著翻訳叢書」とはどういう内容のものであったのであろうか。

それを示しているのが「経済学名著翻訳叢書」の各巻の冒頭に掲載されることになる「刊行の辞」である。その全文を次に示そう。

「経済学名著翻訳叢書」刊行の辞

経済学に関する欧米の名著が吾が国に翻訳紹介せられた数は決して少しとはしない。然し其の多くは吾が国に於ける出版事情に制約され夙に翻訳さるべき名著にして未だ着手するに至らざるものが多い。況んや雑誌に掲載された論文に至っては原文を手にすることさえ至難である為に、翻訳されたものは稀有だとさえ言えるのである。

本会は篤学なる野口弘毅氏の寄付に係る基金を利用して、以上の欠陥を満たすが為に茲に重要なる著書論文を逐次翻訳刊行することを企てた。之が為に本会は数名の顧問を委嘱し、翻訳さるべき著書論文を選択し、汎く適当なる翻訳者を求めて責任ある訳書たらしめることを努めた。茲に経済学と言うのは必ずしも狭義の経済学のみに限定せず、稍広く経済学を中心としての社会科学を意味することゝし、訳書の巻頭には必ず本会顧問又は翻訳者の執筆に係る現著者の略伝、及び原著の学的意義を詳述する序説を掲載することゝし、以て読者の為に原著に対する有力なる手引たらしめることを意図したのである。本叢書が吾が学界に於て何等かの寄与を果すならば本会の希望はこゝに達したと言うべきである。

昭和12年9月

経済学名著翻訳刊行会

ここには「経済学名著翻訳刊行会」の実体と「経済学名著翻訳叢書」の趣旨とが明確に記されているので、解説は不要であろう。

この「刊行の辞」が「経済学名著翻訳叢書」の第一巻に掲載されるのがマックス・ウエーバー

著・戸田武雄訳『社会科学と価値判断の諸問題』（有斐閣、１９３７年11月）であるので、当然のことながら、河合が塩尻への手紙を書いていた時（１９３６年７月19日）には、内規は存在していたはずである。それであるのに、河合がその内規を「何れ…お送りします」と書いたのは、その時、河合が軽井沢の旅荘に滞在中であったので、帰京後に改めて送ります、という意味であったと理解される。

河合の日記で印象的なことは、彼は箱根や軽井沢の旅荘に滞在中に計画的に読書や執筆をしているが、とりわけ多くの手紙を書いていることである。この叢書の依頼の手紙もその一環であったと言えよう。

〈"Bentham"と"Coleridge"の翻訳〉

塩尻が河合から翻訳することを依頼された（当時は、恩師の河合が弟子の塩尻に仕事を与えた、というのが普通であった。）のが、ミルの論文集第一巻に収められている彼の２つの論文"Bentham"と"Coleridge"（in John Stuart Mill, Dissertations and Discussions, Political, Philosophical, and Historical, reprinted chiefly from *The Edinburgh and Westminster Reviews*. Vol. 1. 2nd ed. 1875）であった。それらは、「刊行の辞」の文中にあった「翻訳さるべき著書論文」のうちの「論文」に該当するものであった。

塩尻の翻訳書『ベンサムとコールリッヂ』は１９３９年10月に有斐閣から出版されるのである

が、それは「経済学名著翻訳叢書」全10巻のうちの第8巻であった。以下に、全10巻を出版順に示す。

第1巻　マックス・ウエーバー著・戸田武雄訳『社会科学と価値判断の諸問題』、1937年。
第2巻　ローレンツ・フォン・シュタイン・神戸正一訳『財政学序説』、1937年。
第3巻　グスターフ・フォン・シュモラー著・戸田武雄訳『国民経済、国民経済学及び方法』、1938年。
第4巻　マックス・ウエーバー著・梶山　力訳『プロテスタンティズムの倫理と資本主義の精神』、1938年。
第5巻　グスターフ・フォン・シュモラー著・戸田武雄訳『法及び国民経済の根本問題』、1939年。
第6巻　ウエルナー・ゾンバルト著・戸田武雄訳『社会政策の理想』、1939年。
第7巻　エミール・レーデラー著・田中精一訳『景気変動と恐慌』、1939年。
第8巻　ジョン・スチューアート・ミル著・塩尻公明訳『ベンサムとコールリッヂ』、1939年。
第9巻　ヂェイコブ・エイチ・ホランダー著・山下英夫訳『リカードゥ研究』、1941年。
第10巻　フリードリッヒ・ヴィーザー著・安田充訳『貨幣論集』、1941年。

10巻の翻訳書を1937年から1941年までの4年間で出版したことになる。これが河合流であったのであろうが、その仕事の速さに驚く。翻訳者たちも優秀であったのであろうが、さぞかし河合に追いたてられたのではなかろうか。塩尻もそのうちの一人であった。

塩尻の『ベンサムとコールリッヂ』の場合、河合から翻訳依頼の話があったのが１９３６年７月で、塩尻が直ちに作業を開始して脱稿したのが１９３９年７月、８回の校正を経て刊行されたのが１９３９年10月であった。その間、約３年であった。

〈興味がなくても最後まで努力してみる〉

河合から右の翻訳の仕事が与えられた塩尻は、その時の状況を次のように書いている。

（教職に就いて）５、６年を経過したとき、河合教授によって、J. S.ミルを中心とするイギリスの政治思想の研究を外から強制される（?）ということがなかったら、私はついに自分の専門的研究というに近いものを、生涯もつことができなかったかもしれない。(5)

当時の塩尻は、先に紹介したように、担当科目の授業を遂行するための勉強に全力を集中していて、自分自身にとって必然性のある研究題目をなかなか見出すことができないでいた。そういう状態にいた塩尻に、河合が仕事を与えてくれたのであった。ただ塩尻は「たとい興味がわいてもわかなくても、最後まで努力してみる」[6]という性格、あるいは、外から「専門に似たもの」を与えられたら「やむをえない仕事としてこれを受けとり、これに没頭しようとつとめる」[7]という性格を有していた。

そこで塩尻は、河合に翻訳を承諾する返事を書くのである。

注

1　塩尻公明『あなたの人生論』学生社、１９６９年、１４１頁。

2　同前、１４２〜１４３頁。

3　同前、１４４頁。

4　中谷彪『塩尻公明―求道者・学者の生涯と思想―』大学教育出版、２０１２年。

5　前掲『あなたの人生論』、１４４頁。

6　同前、１４６頁。

7　同前、１４７頁。

(2) 1936(昭和11)年8月2日の手紙

高知市小高阪新屋敷
塩尻公明様

軽井沢1885、
河合榮治郎

○拝復

君の御手紙はいつも楽しく拝見します。今般の邦訳御引受け下さる由にて大変安心しました。前便で御話しした内規同封で御送りします。

序文はいくらでも詳細にして欲しいと思います。ミルの伝記、ベンサムとコールリッヂの各々の思想界の地位、ミルの之に対する関係、此の二文の内容の解説等々。此の序文を以て叢書の特色としたいと思って居りますから。

ベンサム、ミルに関しては拙著「社会思想史研究」と「社会思想家評伝」及び後者の文献を御覧下され、それからコールリッヂに関してはその著書を読むことまで入ると大変ですから、それほどの必要はあるまいと思います。英国哲学史は多少なりとも書いています。日本の文献としては斎藤勇《タケシ》氏の「思潮からみたる英文学史」と誰かの「コールリッヂ」とがあります。英文学出身の同僚教授に御尋ねになったら分かりましょう。若し英国哲学史やコールリッヂの原著にも眼を通したければ御送付しても宜しいと思います。
訳の進捗を祈ります。

８月２日

軽井沢１８８５、
河合榮治郎

追而御申越しの学生にはまだ会いませんが、９月になったら会ってみましょう。

塩尻学兄

〈解説〉

〈河合による〝翻訳書に関する内規〟の説明〉

河合の手紙から分かることは、次のことがらである。
１つは、河合から塩尻への翻訳の依頼に対して、塩尻が承諾の返事をしたということである。塩尻の返信は、河合の手紙の趣旨を十分に理解した内容であったのであろう。河合が手紙の冒頭で「君の御手紙はいつも楽しく拝見します」とは、塩尻の返信が〝打てば響く〟内容であったことを表している。翻訳の承諾もさることながら、塩尻の書く手紙には河合を愉快にさせる温かさがあったのであろう。

2つは、「経済学名著翻訳叢書」の「刊行の辞」を含めて、翻訳者の執筆に係る「内規」を同封しているということである。

「内規」の現物は未見であるが、①「経済学名著翻訳叢書」の「刊行の辞」、②「経済学名著翻訳叢書」の出版計画・翻訳書と翻訳担当者、③記述の内容と方法、④出版社名（有斐閣）、⑤印税の件、⑥その他、といったところであろうか。

3つは、河合が②について親切に、かつ詳細に、内容説明をしているということである。これは、塩尻の担当するミルとベンサムとコールリッヂについての質問に対して、主宰者である河合が回答するという意味合いもあったのであろう。

繰り返しになるが、河合の書いた内容を整理すれば、次のようになろう。

①序文を叢書の特色としたいので、序文はいくら詳細にしてもよいこと、②ミルの伝記を付すこと、③ベンサムとコールリッヂの各々の思想界の地位を記すこと、④ミルのベンサムとコールリッヂとに対する関係を記すこと、⑤ミルの「ベンサム論」と「コールリッヂ論」に関する解説を記すこと、⑥その他、である。

4つは、ミル、ベンサム、コールリッヂに関する文献紹介と作業の進め方とについて指導助言をしているということである。

河合は、ベンサムとミルに関しては河合著の「社会思想史研究」と「社会思想家評伝」を参考にされたいこと、「社会思想家評伝」の文献も参考されたいこと、コールリッヂに関してはその著書を読むことまで入る必要はないこと、もし英国哲学史やコールリッヂの原著を読むのであれば送付すること、コールリッヂに関する先行研究があること、英文学出身の同僚教授にも教えを乞うこと、を伝えているのである。

５つは、追而の文章について説明しておこう。推測するところ、塩尻が河合に、高知高校から東大（経済学部？）へ進学した教え子を紹介したのであろう。それに対して、河合は「御申越しの学生にはまだ会いませんが、９月になったら会ってみましょう」と伝えているのである。

〈『ベンサムとコールリッヂ』に注ぎ込む膨大な努力〉

真面目な塩尻のことであるから、河合のアドバイス通りに作業を進めたに違いない。膨大な時間とエネルギーとを投下して、前記のミルの２つの論文“Bentham”と“Coleridge”の翻訳に取り組んだはずである。

塩尻はその時の仕事ぶりを、彼の還暦祝賀会での挨拶の中で披露している。少し長いが引用しよう。

この仕事を勧められました河合先生が、「最初の本が大切だ、著者の力量に対する世間の評価は、主として最初の本によって左右されることが多いから、念には念を入れよ」と申されまして、書物を書くことに慣れていないせいもございまして、私の書きましたすべての書物の中で一番たくさんの時間をかけております。私の癖で、原稿に費やした時間とか、本を読むのに費やした時間とか、それを記録する癖がございまして、忙しいときには日記に、ただそういう、今日は何時間この本を読んだということしか書かない、そういうこともございまして、計算ができるのでございますが、このような投下労働が約4、500時間でございましたから、毎日必ず4時間はこの本にかけるとして、3カ年という計算になります。例えば、ある日に2時間しかできないなら、次の日6時間読むしかないというふうにして、丁度3カ年という計算になるのであります。

講義も全部して、その他の公務の他に、これだけの労働を支出するわけでございますから、この本を書きつつある間は、文字通りにちょっと散歩する暇もないほどでございまして、私は青白く痩せこけ、見るからに憐れに見えたらしいのでございます。本ができ上がって後に、多くの人からそういうふうに言われました。今から考えますと、30代の若さゆえに、この無理を押し通すことを可能にしたというふうに思います。

校正も念入りにして、私が4回、有斐閣の人が4回、合計8回もいたしました。しかし、これによって得られました印税は、書物代や研究旅行費などの生産費の10分の1、或いは20分の1にも足りなかったと思います。(1)

〈『ベンサムとコールリッヂ』への投下労働時間〉

塩尻の挨拶の内容を整理すると、次のようになる。

①河合から「最初の本が大切だ、著者の力量に対する世間の評価は、主として最初の本によって左右されることが多いから、念には念を入れよ」と言われていたので、自分の書いたすべての書物の中で一番多くの時間をかけた。

②総投下労働時間が約4、500時間であった。これは、毎日必ず4時間の勉強を3カ年間続けたという計算になる。

③この本を書きつつある間は散歩する暇もないほどで、顔は青白く痩せこけ、憐れに見えた。

④校正は、塩尻が4回、出版社である有斐閣が4回、合計8回も行った。

⑤同書の印税は、書物代や研究旅行費などの生産費の10分の1、或いは20分の1にも足りなかった。

以上の項目について、若干のコメントを付しておこう。
①の河合の言葉は、塩尻が河合から直接、聞いていた話であるかもしれないが、同旨の河合の言葉を次の⑶で紹介する「1937（昭和12）年7月21日の手紙」の中にも見出すことができる。その手紙では、「折角始めてあなたの名を出す処女作ですから、念にも念を入れて推敲された方がよい」という河合の文言がある。①の河合の言葉は、おそらく、この河合の手紙の文言を塩尻なりに表現したものと考えるが、いかがであろう。
②の投下労働時間の計算は、塩尻の習慣であった。塩尻は「私の癖で、原稿に費やした時間とか、本を読むのに費やした時間とか、それを記録する癖が」あると言っているが、これは塩尻が「一四の原則」を忠実に実践していたからであろう。塩尻が4時間の勉強に固執するのは、毎日4時間の勉強をするというのが彼の勉強のノルマであったからである。

〈J・S・ミル研究への投下労働時間〉

塩尻のその他の研究に対する投下労働時間で特記しておきたいことの1つは、彼のJ・S・ミル研究である。塩尻は先の「還暦を迎えての所感」の挨拶の中で、次のように披露している。

この本（中谷注・『ベンサムとコールリッヂ』）を出しました後もなお数カ年は、私はミル一人に固着しておりました。ミルに関する読書や抜き書きなど、ミルに捧げた労働時間は総計で約1万5、000時間位になりますから、毎日4時間は必ずミルにかけるとして、約10年間という計算でございます。(2)

この間に、塩尻はJ・S・ミルに関する「抜き書きやメモの相当量の堆積物」を作ったという。それは塩尻が、河合に勧められて、河合の『T・H・グリーンの思想体系』に対応するような形で、『ジョン・スチュワート・ミルの思想体系』を書く予定であったからであった。

しかし、塩尻は1948年（46歳の時）に健康を害し、その研究の変更を余儀なくされるという不運に見舞われる。それでも塩尻は、専門分野では『J・S・ミルの教育論』や『イギリスの功利主義』や『人格主義と社会主義』のほか、J・S・ミルに関する論文等を発表し、『天分と愛情の問題』『自と他の問題』に続く随想集として、『書斎の生活について』『或る遺書について』『女性論』『病苦について』『生甲斐の追求』『青年と倫理』『宗教と人生』といった名著を陸続と著わした。その活躍ぶりは、〝著作の爆発の時代〟と言っても過言ではなかった。

〈『或る遺書について』の投下労働時間〉

塩尻の研究に対する投下労働時間で特記しておきたいことの2つは、『或る遺書について』に関連するものである。

塩尻はこの随想集について、次のように紹介している。

『新潮』に書きました「或る遺書について」という文章が、多分私が書きましたものの中では、世間の評判という点では一番評判になった文章であると思います。後に、この「或る遺書について」は別の「虚無について」という一文と併せまして小さな本（注・『或る遺書について』新潮社、1948年）になって出ましたが、これは一番初めの『ベンサムとコールリッヂ』とは正反対でありまして、私の書きました全部の本の中で、投下労働量が最も少ない72時間でございます。しかも、与えられた印税は、恐らく『生甲斐の追求』と『女性論』とを別にいたしましたら、最も多かったんではないかと思います(3)。

塩尻の「或る遺書について」は、『新潮』誌の1948年6月号に掲載されたが、発売されるや、一大ブームを巻き起こした。高知高校時代の教え子であった京大生の木村久夫は、学問研究に燃えて大学生活を送っていたが、大学生活半年間で徴兵され、4年後の終戦直後に戦犯に問われて絞首台の露と消えた。旧師塩尻は、木村が書き残した「手記」や「遺書」を読み解きながら、彼は部隊の上官たちの罪を被せられて非業の死を遂げたのだと告発するとともに、悲運の教え子への限りなく深い哀惜、死に臨む教え子の立派な態度とその崇高な生き方を讃えた。それは、木村を戦争犯罪人から歴史上の英雄に押し上げるものでもあった。

読者は、この随想文から、塩尻と木村との〝打てば響く、美しい師弟愛〟の掛値のない姿のみならず、木村の「手記」と「遺書」とが蔵している気性の高さとが、塩尻の愛情あふれる筆力によって最高級の輝きを放つことになっていることを読み取るであろう。

ちなみに木村久夫の「手記」と「遺書」は、ほぼ原文のまま『きけ わだつみのこえ—日本戦没学生の手記—』（初版は東大協同組合出版部、現在は岩波文庫版）に収録され、白眉の文章と評されている。

さて、ここで塩尻が言おうとしたことは、著作物に対する投下労働時間数の多少が読者数の多少や印税の多少を決定しないという体験をした、ということであろうか。或いはまた、著作は著者の手を離れると独り歩きをするものである、ということであろうか。

注

1　塩尻公明「還暦を迎えての所感」、塩尻公明研究会（中谷彪）編・塩尻公明著『民主主義の道徳哲学（講義ノート）』北樹出版、２０１０年、１３２〜１３３頁。
2　同前、１３６頁。
3　同前、１４０頁。

(3) 1937(昭和12)年7月21日の手紙

高知市新屋敷39
塩尻公明様

軽井沢1820
河合榮治郎

○拝啓その後は御無沙汰しました。御変りありませんか。ミルのほんやくは先日始めて私の助手をしている戸田武雄氏に通読して貰い、一部私も拝見しました。色々苦労の跡が十分窺われて、訳もよく出来ているものと思われるのですが、折角始めてあなたの名を出す処女作ですから、念にも念を入れて推敲された方がよいと思い、小包で御送りしました。ほんやくに就いては、原稿の中に戸田君の感想が挿んであります。

まず、私は始めの部分に朱書しました。つまり(1)原文の把握、(2)日本文として良訳、(3)日本学の適確、(4)必要なる註の挿入等が必要だと思います。序文の方は余りに分量が大きすぎます。あの1／4位にして、ミルの生涯と思想とをその1／8、二論文の解説その意義を2／3位にして欲しいと思います。第一回の刊行は9月中に致しますが、第二回は12月位にしたいと思いますから、それに間に合えば宜しいし、それより遅れても差支えありません。何卒御努力のほど切望にたえません。

近刊「学生と生活」は御送りしたいのですが、献本数が少ないので出来ませんが、聊か自信を以て世に出せると思います。ご感想でもありましたら、御書きし送り下さい。

7月21日

河合榮治郎

塩尻学兄

○別紙（原稿用紙）

前略

コールリッヂ論並にベンサム論、一通り全部に目を通して気のついたところは紅鉛筆で印をつけました。ところどころ原文と対照したところ、やはり全部にわたって表現を暢達《ちょうたつ》ならしめること、訳を正確にすること、原文イタリックのところは傍点をつけること、仮名遣い、漢字の使い方に注意して、失礼を申し分け乍ら、もう一度奮発される必要があろうと考えられます。

これは私の所感です。

暑中　御身御大切に

戸田（武雄）

河合先生

机下

〈解説〉

この手紙は、(2)の手紙からほぼ11か月経過した後の手紙になる。

河合の手紙の内容から判断すると、この間に、塩尻は河合に依頼された通りにミル執筆の「ベンサム論」と「コールリッヂ論」とを翻訳し、さらに膨大な「序文」を書いて、河合に郵送したようである。

それに対して、河合がその原稿を読んだ所感をしたためたのが、この手紙である。

〈塩尻が翻訳原稿と「序文」を送る〉

まず、この経緯からわかることを書いておきたい。

1つは、塩尻はこの11か月の間に（実際は、それよりも短い期間内に）、「ベンサム論」と「コールリッヂ論」の翻訳を終え、さらに膨大な枚数の序文を書き上げたということである。

2つは、その原稿を受けとった河合が、それらの原稿（の一部分）に目を通し、朱書きをしているということである。

3つは、その後、河合の研究助手の戸田がその原稿を詳細に読んで「気のついたところ」には「紅鉛筆で印をつけ」、その後に、それを河合に提出したということである。

4つは、戸田の意見を受けて、最終的に河合が塩尻に返信をしたということである。

つまり11か月の間に、塩尻も河合も戸田も、日常の仕事をしながら、これだけの仕事を済ませているということである。塩尻の仕事量は驚異的なものであるが、河合と戸田も、叢書の出版に限って考えてみても、同時に他の翻訳書の点検作業をしていたと推測できるので、想像を絶する程の仕事量を遂行していたということである。

〈河合からの手紙の要点〉

前置きが長くなったが、以下に、河合の手紙の要点をまとめることにしよう。

その1は、ミル執筆の論文「ベンサム論」と「コールリッヂ論」の翻訳については、河合が一部を読んだが、全体を通しては河合の研究室の助手の戸田武雄が読んだということである。

河合自身の感想は、「色々苦労の跡が十分窺われて、訳もよく出来ているものと思われるのですが、折角始めてあなたの名を出す処女作ですから、念にも念を入れて推敲された方がよいと思」う、というものであった。この感想文の前半で、塩尻の苦労を労いながらも、後半では「念にも念を入れて推敲された方がよい」と伝えている。これは、後半に力点があるのであって、「推敲するように」という意見である。

その2は、河合の「折角始めてあなたの名を出す処女作ですから、念にも念を入れて推敲された方がよい」という言葉は、塩尻が先にも触れていたように、塩尻の『最初の本が大切だ、著者の力量に対する世間の評価は、主として最初の本によって左右されることが多いから、念には念を入れよ』と申されまして」という表現になったということであろう。

その3は、塩尻の翻訳文について河合が注意点を書いているということである。

河合の意見は、「(1)原文の把握、(2)日本文として良訳、(3)日本学の適確、(4)必要なる註の挿入等が必要だと思います」の4点であった。これらの4点について簡単な説明を付すと、(1)は原文の意味をしっかり把握すること、(2)は日本文としてわかりやすい、美しい訳文に気をつけること、(3)は日本語として間違いのない表現をすること、(4)は必要な訳者註を挿入することが必要であること、ということである。

その4は、序文（訳者序文）と訳者序説の書き方について、河合が具体的な指示をしているということである。

河合は、序文については「余りに分量が大きすぎ」るので、現在の「1／4位に」すること、訳者序説については「ミルの生涯と思想」の記述を現在の「１／８」位に、二論文（「ベンサム論」と「コールリッヂ論」）の解説その意義の記述を現在の「２／３位」にして欲しい、と書いている。

その５は、叢書の出版予定と『ベンサムとコールリッヂ』の出版時期を予告しているということである。

河合は手紙で、「第一回の刊行は９月中」で、「第二回は12月位」にしたいと書いている。これによると、河合は当初、叢書全10巻の刊行を、第一期として１９３７年９月に、第二期として同年12月の二期に分けて予定していたということである。

ただし、４か月の間に全10巻の翻訳書を刊行するという河合の計画は、やや厳しかったようである。そのことは河合自身も承知していたようで、例えば、第８巻担当の塩尻には「それ（注・第二回の12月）に間に合えば宜しいし、それより遅れても差支えありません。何卒御努力のほど切望にたえません」と猶予を与えている。

実際は、先の叢書一覧で示したように、１９３７年に刊行されたのは第１巻と第２巻だけで、他は年を超えている。すなわち第３巻と第４巻は１９３８年、第５巻と第６巻と第７巻と第８巻は１９３９年、第９巻と第10巻は１９４１年の刊行である。

その６は、塩尻の翻訳については河合に代わって戸田武雄助手が添削したので、彼の感想と意見とを同封すると書き添えているということである。

戸田助手の感想文は、簡潔で明解である。「コールリッヂ論並にベンサム論、一通り全部に目を通して気のついたところは紅鉛筆で印をつけました」という文言で始まっている。彼は、訳文を原文と対照した結果として、「全部にわたって表現を暢達《ちょうたつ》ならしめること」、「訳を正確にすること」、「原文イタリックのところは傍点をつけること」、「仮名遣い、漢字の使い方に注意」することと具体的に指摘し、「もう一度奮発される必要があろう」と書いている。結論的には、河合と戸田の意見は、塩尻の原稿には大幅な修正を必要とする、というものであった。

後日、塩尻は、この戸田の意見に対して次のように語っている。

私は、2冊目の本からは誰にも原稿を見てもらわないで、自分の書いたものをすぐ活字に廻してきましたが、最初のこの本だけは何人かの人々に読んでもらいまして、批評してもらいました。特にそのうちで戸田武雄氏、今、静岡大学の教授をしている人で、河合先生の教え子の一人でございますが、この戸田さんが全文を通読してくれまして、細かい批評を与えてくれました。ご当人自身が非常に多忙な仕事を持っていられるのに、よくもこれだけの時間と労力とを割いてくださったものであると感動いたしました。(1)

河合と戸田から大幅な修正を要求された塩尻は、早速、その修正をする作業に取り組んだはずである。塩尻は、この修正作業にその後2年間ほどかける。まさしく悪戦苦闘の2年間、地獄の

２年間で、それまでの１年間の作業を加えると、合計３年間の苦労であった。その時の塩尻の姿は、塩尻自身が先に語っていたように、「ちょっと散歩する暇もないほどで…私は青白く痩せこけ、見るからに憐れに見え」るほどであった、ということである。[2]先の塩尻の話は冗談ではなかったのである。

注
1　前掲、塩尻公明「還暦を迎えての所感」、１３３頁。
2　同上、１３３頁。

(4)　１９３８（昭和13）年８月16日の手紙（速達）

東京市蒲田区御園１の２の７　備藤八重様方
塩尻公明様

軽井沢１７５０

河合榮治郎

○拝啓

過日一寸東京へ行きましたが、大学のことで忙しく時間の約束が出来ないので、遂に御知らせすることも出来ませんでした。

若しご都合が宜しかったら、来る19日の午後三時頃に当地の拙宅に御いで下されませんか。少し早目で私を御待ち下すっても差支えありません。唯私は三時頃に戻って来ますが。

軽井沢に着いたらタキシで伏見宮様の前だと云って下さい。でなければ草津行の自動車で野沢マーケットで下車し、付近の人に聞いて下さい。その夜は御一泊の予定で願い度いのです。拙宅は手狭で泊まれませんが、付近のホテルへ御案内して御客として御招待致しますから。当日御都合の点、電報で御返事下さいませんか。久振りでお目にかゝれることを楽しみます。尚大井の宅に君に渡すべき戸田君への紹介の名刺がありますが、まだ御受取でなければ同封の名刺を持って戸田君に御会い下さい。同氏にほんやくを渡して見て貰うことにしてありますから、御目にかゝってそのことの相談などなすっては如何ですか。尚大井の自宅の書斎の入って右の小卓の上に木下広居氏の「社会主義者としてのミル」の原稿がありますが、或は御参考になるかも知れません。御持ち帰り下さい。

8月16日

河合榮治郎

塩尻君

尚戸田君の所は大井駅への玉川電車にのり、等々力で下車すると覚えています。

尚又、今の時ですから大学の事で急に東京へ出るかも知れませんから、19日の朝まで私からの電報を御読み下さい。

〔解説〕

この手紙について、若干のコメントを付していこう。

〈河合、軽井沢に別荘を購入〉

その1は、この手紙は、河合が新しく購入したばかりの軽井沢の別宅（以下「軽井沢の別荘」という）から上京中の塩尻に出した速達便であるということである。

ここで河合の「軽井沢の別荘」について説明しておこう。

河合の日記を読むと、この年の夏季休暇中も、相変わらず、河合は忙しい日々を過ごしていたが、その中で、「（7月）21日夕方、軽井沢へ来る。大変家が気に入った[1]」という記載がある。これは、河合が1938年7月21日の夕方に軽井沢にきて、下見も兼ねて山田（文雄）所有の「軽井沢の別荘」に来て気に入り、おそらく、それから箱根仙石ではなく、こちらに滞在するようになったようである。そして河合は、塩尻への手紙を書いた頃に、「到頭山田君から軽井沢の土地と家とを3千円で買うこととした[2]」と書くに至っている。文中の「拙宅」とは、この「軽井沢の別荘」のことである。これ以後、河合の週末の宿泊先は、「軽井沢の別荘」と箱根仙石の「俵石閣」になる。

その2は、河合が「軽井沢の別荘」に塩尻の来訪を呼び掛けているということである。

上京の予定があった塩尻は、前もって河合に連絡を取り、大井町の河合の自宅を訪問して、主として翻訳中の「ベンサム」と「コールリッヂ」の進捗状況について相談する予約をしていたと思われる。その際、塩尻は、上京の期間や宿泊先についても河合に連絡していたと推測される。河合も、塩尻の日程を理解して、〝はっきりした面会日と時間については後日、連絡する〟旨、伝えていたのではないかと考えられる。

ただし、この頃の河合は、彼の日記を見る限り、1938年2月に4著書（『ファッシズム批判』『時局と自由主義』『社会政策原理』『第二学生生活』）が内務省によって発禁処分に処され、その対処にしばしば時間とエネルギーとを割かれていたことに加えて、依然として解決の出口の見えない経済学部内におけるイザコザ（河合は「学部のイザコザ」とか「学部内のイザコザ[3]」と書いている。）がますます激化してていたことへの対応が重なり、「軽井沢の別荘」に滞在しながらも、大学に行くために東京に帰り、会議等が終わるとまた直ちに「軽井沢の別荘」に戻るという、超過密な日々を送っていた。

そうした状況下で、やっと河合のスケジュールが固まったのが８月16日で、当日の夜に河合は「若しご都合が宜しかったら、来る19日の午後三時頃に当地の拙宅に御いで下されませんか」という手紙を書き、速達便で塩尻の東京での宿泊先である備藤八重様方宛に送ったということであろう。

なお、手紙には、「軽井沢の別荘」への道順や、当日の宿泊の件も書いている。「拙宅は手狭で泊まれませんが、付近のホテルへ御案内して御客として御招待致します」と書いているところから推測すると、河合の「軽井沢の別荘」はそう広い家屋ではなかったようである。その代わりに河合は、塩尻には近くのホテルを「御客として御招待致します」と申し出ている。心憎いほどの気配りである。

さて、塩尻が「軽井沢の別荘」にいた河合を訪問したかどうかについてである。河合の日記の１９３９年８月19日には、河合は「軽井沢の別荘」に滞在していたようであったが、塩尻が河合の別荘を訪問したことをうかがわせるような記述が見当たらない。

〈塩尻、軽井沢の別荘を訪問〉

しかし当日、塩尻は河合を訪問していたのである。それを教えてくれるのは、塩尻が編集を担当した『河合栄治郎全集』の第18巻『学窓記』の巻末に付されている「解説」である。そこで塩尻が、河合の招待に応じて「軽井沢の別荘」を訪問したことを書いているのである。少し長いが、貴重な内容でもあるので、以下にそれを引用しよう。

この年（注・1938年）の夏休みの8月に、私は当時の任地の高知を出て、軽井沢にいられる先生を訪ねた。先生へのみやげとして、既刊数冊の学生叢書に執筆された諸氏の論文の一々について、私の不遠慮な批評を申し述べるつもりで、くわしく再読してその原稿をつくった。批評されることの好きな先生は、文字通りに固唾をのむという態度で、君もここへ来て一しょにききなさい、と奥さんをよばれ、ペンとインクと原稿紙とを手もとに準備して、ときどきはのどをならして興《きょう》がられていた。『学生と生活』の中の、大河内一男氏の「師弟関係」のところを読み了ったとき、ちょうど、当時はまだ若い講師であった当の大河内氏の玄関に訪れる声がきこえてきた。一同思わず大笑いしたが、先生は、大河内君の前で、もう一度そこをやれ、と註文された。この時の状景は、私にとってはもっとも印象的な先生の肖像の一つであって、いまも眼前に生きている。また、…そのころ大学自治の難問に参画されていた先生は、せっかく軽井沢にきていられても、たびたび急用で東京によび返された。電報の声がきこえるたびに、そらきた、と一家で

一さわぎされる状態であった。(4)

〈塩尻、学生叢書の批評をする〉

塩尻の記述について、幾つかのコメントを加えておこう。

1つは、塩尻が河合を訪問した目的が、翻訳の件の相談もあったであろうが、河合編集の学生叢書の批評をするということでもあったということである。

河合は1937（昭和12）年7月21日付の塩尻への手紙で、「ご感想でもありましたら、御書き送り下さい」と書いていた。それでなくても塩尻は、恩師河合の書いた著作や著書については注視していて読んでいた。たまたま上京の機会を得た塩尻は、この際に、その約束をも果たそうとしたということである。

河合編集の学生叢書の刊行（出版は日本評論社）は、この時までに、第1巻『学生と教養』（1936年12月）、第2巻『学生と生活』（1937年7月）、第3巻『学生と先哲』（1937年12月）、第4巻『学生と社会』（1938年6月）の4巻が出版されていた。(5) 塩尻は、それらの各巻に収録されている論文の一々について、用意してきた原稿をもとにして批評していったということである。

塩尻の批評が如何に的を射ていたかは、塩尻が「先生は、文字通りに固唾をのむという態度で、君もここへ来て一しょにききなさい、と奥さんをよばれ、ペンとインクと原稿紙とを手もとに準備して、ときどきはのどをならして興《きょう》がられていた」とか、また、大河内一男執筆の「師弟関係」（『学生と生活』に収録）の批評を了えたとき、たまたま当人が河合を訪ねて来たので、河合が塩尻に向かって、当人の前で「もう一度そこをやれ、と註文された」と描写しているところから、十分に窺い知ることができる。

なお、塩尻が軽井沢での批評のために原稿を用意していたということであるが、彼は、講義の場合でも、講演の場合でも、大小の各種の集会における挨拶の場合でも、用意周到な原稿を用意することを常としていた。

2つは、塩尻が「ベンサム」と「コールリッヂ」の翻訳について監修者である河合の指導を仰いだのでないかということである。

この件については、河合の日記にも、塩尻の記述にもないのであるが、塩尻が昨年から継続して進めている「ベンサム」と「コールリッヂ」の翻訳について、河合に直々に相談し、指導と助言を受けたのではないかと推測されるからである。

先の(3)の河合の手紙で見たように、塩尻はほぼ1年前にミル執筆の「ベンサム論」と「コールリッヂ論」との翻訳文と、膨大な「序文」とを書いて河合に送ったが、それらに対して河合と助手の戸田とから多くの意見と注文とが出されていた。河合と戸田の意見は、今一度、「御努力のほど切望にたえません」（河合）であり、「もう一度奮発される必要があろう」（戸田）というものであった。婉曲な表現ではあるが、それは〝塩尻の原稿は大幅な修正を必要とする〟というダメ押しであった。

この返事を受けとった塩尻は、ほぼ1年間、原稿に「大幅な修正」を施して、再度、その修正原稿を河合に送ったのであった。塩尻としては、再提出した修正原稿に対する意見や注文を聞いたり、自分の疑問点を質問したり、これからの進め方について指導を受けたいと申し出ていたに違いない。

もっとも河合は、この手紙で、1年前と同じく、塩尻から受け取った翻訳原稿を戸田に見て貰うように取り運んでいたので、戸田氏に直接会って翻訳についていろいろと相談をしてはどうかと、塩尻に書いてはいた。しかしこの度は、河合と塩尻の二人が直接、逢っている。この面談で、翻訳の話が出なかったということは考えることができないのである。

3つは、塩尻は東京滞在中に、大井町の河合宅と戸田助手とを訪問したのではないかと推測されるということである。

この河合の手紙によれば、塩尻は戸田とは直接の面識がなかったようである。それゆえに河合は、塩尻に渡すべき戸田への紹介の名刺を大井の自宅に用意しているという。しかし河合は、もし塩尻が大井の河合の自宅を訪問できない場合をも想定して、この手紙に自分の名刺を同封していたのであった。

また河合は、塩尻がその「序説」でJ・S・ミルの解説を書くに当たって参考になるのではないかと考えて、「大井の自宅の書斎の入って右の小卓の上に木下広居氏の『社会主義者としてのミル』[(6)]の原稿がありますが、或は御参考になるかも知れません。御持ち帰り下さい」と申し出ているのである。正しく〝至れり尽くせり〟の心配りである。

さて、塩尻が戸田助手を訪問したか、大井町の河合宅を訪問したかどうかについては、確実な証拠がない。しかし、翻訳原稿の指導を受けることが主要な目的の一つであった塩尻としては、どちらも訪問したのではないかと推測する。

例えば、河合が「御持ち帰り下さい」と書いていた木下広居氏の「社会主義者としてのミル」の原稿が、塩尻が『ベンサムとコールリッヂ』の「序説」の125頁の註24に記述している木下広居氏の論文「ミルと英国社会主義」（未発表のもの）と同一のものであるならば、塩尻が大井町の河合宅を訪問したことが濃厚になるのであるが、それにしても論文名が異なっている。河合の手紙の論文名の記述が間違っていたのであろうか。収録に際して論文名が変更されたのであろうか。疑問が残るが、この件のさらなる究明については他日を期したい。

〈塩尻は実母宅に宿泊〉

その4は、河合の手紙の宛先になっている東京市蒲田区の備藤八重とは、塩尻公明の実母であるということである。（これは再度後述することになるのであるが、公明は備藤公明として生まれ、後に備藤家と親戚筋に当たる塩尻家の養子になって、塩尻公明となったのである。ただし公明が塩尻姓を名乗るのは、義父の塩尻級長雄《しなお》が亡くなってからで、25歳頃であった。）

塩尻公明の実母である八重がどうした経緯で東京市蒲田に住んでいたかについて、若干の説明をしておこう。

東京生まれで一人娘の八重（旧姓井上、1868・5・18〜1946・8・4）が、縁あって岡山県真備町生まれの一人息子の備藤壮太郎（1870・5・12〜1924・4・12）と結婚したのが1888年10月15日であった。時に壮太郎18歳、八重20歳であった。

2人の間に四男四女が生まれるが、長男の正は母の実家の井上家を継ぎ東京へ、四男の公明が親戚筋の塩尻家の養子となって東京や大阪や芦屋や高知へ出て行った。結果として三男の三郎が備藤家を継ぐことになったが、その彼も勤務の関係で岡山に戻ることはなかった。4人の娘たちも嫁いで、それぞれ故郷を離れて行った。

そんな中、岡山県内で小学校長などの要職を歴任していた壮太郎が、1924年4月12日、職務途中に交通事故に遭って亡くなった（享年54歳）。そこで八重は、もはや岡山に留まるよりも、息子1人、娘2人が生活している東京（しかも、彼女にとっては生まれ故郷である東京）に戻って暮らしていたのである。

長々と説明したが、そういう事情であったので、高知高等学校に勤務していた塩尻が上京する折には、母の家に宿泊するという機会もあったわけである。

注

1　全集第23巻、94頁。

2　同前、95頁。

3　河合榮治郎『唯一筋の路』日本評論社、1948年12月、32頁、34頁。

4　全集第18巻、塩尻公明の巻末解説、370頁。

5　ちなみに学生叢書は全12巻で、以下、第5巻『学生と読書』（1938年12月）、第6巻『学生と学園』（1939年6月）、第7巻『学生と科学』（1939年12月）、第8巻『学生と歴史』（1940年4月）、第9巻『学生と日本』（1940年8月）、第10巻『学生と芸術』（1940年11月）、第11巻『学生と西洋』（1941年4月）、第12巻『学生と哲学』（1941年10月）と続いた。

6　塩尻が木下広居氏執筆の「社会主義者としてのミル」の原稿を持ち帰ったかどうかについては確認し得ていない。しかし、塩尻が翻訳書『ベンサムとコールリッヂ』の「序説」の125頁の註24で、木下広居氏の論文「ミルと英国社会主義」（未発表のもの）の内容の一部を紹介している。「社会主義者としてのミル」と「ミルと英国社会主義」は共に未発表のものであることで共通しているが、同一のものか、異なるものかは、未確認である。

(5)　1939（昭和14）年2月25日の手紙

高知市新屋敷39
塩尻公明様

河合榮治郎

○拝啓、その後は御変りありませんか。私の事は新聞で御承知の通り、起訴まで行きました。行く所まで行った方が徹底していてよいと思います。官憲の処分はまだ分りますが、世間の無理解は困ったことと思いますが、然しそれも亦困難な情勢の一つの産物でしょう。昨今新しい生活へと出立して静かに推移を眺めて居ります。

ミルの御訳完成して御祝い申上げます。数日前に有斐閣に渡しましたから、間もなく校正が出るでしょう。あなたの方へ御送りしますから宜しく御願いします。今迄は四校までとるのもありましたが、校正の工合《（ママ）》では三校で打切ってもよいでしょう。此辺御希望通りに御やり下さい。題は「ベンサムとコールリッヂ」にしました。字を簡略にしたい趣旨からで、中の註は欧文は当然横書ですが、日本文のは縦書の方がよいと思いますので、そう云いました。

尚「序説」の外に「序文」が要るのですが、之は訳の経過など普通の所謂序です。後でも宜しいのですから直接有斐閣の方へ御送り下され度く。ミルの写真があった方がよいと思いますが、あなたの方に御希望がありましたら、之も御送り下さい。若し適当のがなければ、私に御任せ下すっても結構です。

何れにしても御訳の出版の近いのは嬉しい事ですし、此の二論文が訳されたことは学界の為によいと喜んでいます。

先刻来私の事に就いて御深切《（ママ）》な御申出を下さいまして有難く感謝します。4月頃少し遠い地方に子供を連れて旅したいとも思いますが、予審や公判の関係もありますので、何とも予定が付かねます。

理想主義者に不幸と云ふものはありません。あらゆる事が人間の成長に役立つのですから。

2月25日　　河合榮治郎

塩尻学兄

〈解説〉

〈激動の中の河合の手紙〉

河合の手紙の説明に入る前に、この手紙を受け取った塩尻が、その感想文「河合先生の手紙」で、この手紙の背景について以下のような解説を加えているので、それをまず紹介しておこう。

これを書かれたころの先生は、実は大変な時期のただ中にいられたのであった。この日から二十日余り前に、先生の休職の辞令が出ている。最後の講義には学生諸君にこのことを話そう、と心構えされたことも、話しえないで終わったほどの突然のしうちであった。また、この手紙の前々日（2月23日）は、いよいよ起訴と決定した日であった。そしてこの手紙の前日には、二人の弟子との別離という悲劇があったのである。(1)

この手紙が書かれたころは、河合にとって大変な時期であったという。それを塩尻の記述順に整理すれば、①「この日から二十日余り前に、先生の休職の辞令が出ている」ということであり、②最後の講義さえする機会を与えられなかったということであり、③「この手紙の前々日（2月23日）は、いよいよ起訴と決定した日であった」ということであり、④「この手紙の前日には、二人の弟子との別離という悲劇があった」ということであった。

〈河合の日記に見る事件〉

これらの内容については、河合自身の日記を紹介することによって説明するようにしよう。まず①と②については、「1939年1月31日」の日記が該当する。

> 今朝あたりの新聞をよんで、早朝や学部長を支持している論調をみて寂しく思った。そして今日の午前に分限委員会が開かれるを知り、一、二日の寿命だと思った。明後日の講義には出られるかと思ったが、検事局で今日で終了すると聞いて、或いは明朝の講義には出られるかと思った。今日で取り調べが済んだ。12日間掛かった。やはり疲れたように思う。
>
> 出て夕刊をみたら、休職の辞令が出ていた。その時丈は寂しい気がした。急いで帰宅し…電報や…手紙を見ている時には何となく涙が流れた。戦いの後の哀しみとも云うのであろう。(2)

1939年1月31日の午前に開催された文官高等分限委員会は短時間の審議で河合の休職処分

を可決し、直ちに閣議決定と上奏裁可とを経て、その日のうちに河合の休職辞令が発令された。これで河合は、翌日（2月1日）に予定していた講義に出ることが不可能になったのであった。検事局での取り調べがやっと終了し、明日の講義に出られると喜んでいた河合であったのに、この辞令は1日の違いで河合から最終講義の機会さえ奪うという酷な仕打ちとなった。河合は「何となく涙が流れた」と書いているが、何と複雑で屈辱的な気持ちであったことであろう。

ちなみに、2月13日には敵対していた土方成美教授の休職が決定する。河合は当日の日記に「今朝土方（成美）の休職が決定したらしい。もうこんなことに興味がない。今日は48になった誕生日である」(3)と書いている。淡々とした書き方であるが、河合が48歳の誕生日を寂寞たる気持ちで迎えたであろうことが窺える。

次に、③の起訴が決定したことについては、「1939年2月23日」の日記が次のように記録している。

夕六時に起きたら記者の知らせで起訴に決定したとのこと。その時妻に『天我を捨てず、之で救われた』といった。大学のゴタゴタですっかり混雑したのが又明白になり出したのだと思う。(4)

これは先に書いてきたところであるが、河合は1938年2月に、彼の4著作が内務省によって発売禁止処分に付されていたが、ここに来て、これらの著作等における河合の言論が、遂に「安寧秩序を紊乱するもの」（出版法第17条）として起訴されるに至ったということである。河合はこれまで12日間も検事局の取り調べを受けて疲れていたのであるが、これ以降、さらに数年間に及ぶ裁判闘争に立ち向かうことを余儀されることになる。

なお、起訴が決定したことを知った時に、河合が妻に「天我を捨てず、之で救われた」と言ったのは、法廷で自説の正当性を主張できる機会を与えられたことを喜んだものと考えられる。

最後の④については、河合は「1939年2月23日」の日記で、「…愈々最後の決定の時が来たのだ。まだぐずぐずしている安井と大河内とを腑甲斐ないと思う」と記し、また、その翌日の「1939年2月24日」の日記で、次のように書いている。

…（自宅に）戻ったら大河内、安井が来て強く論じた。どうしても（東大に）戻りたいらしい。戻った時絶交すると宣言した。分かれてから暫く沈黙して、静かに考えた。こうして又二人の門弟を失った。…ともすれば別れた二人のことが頭に出る。…混乱の時は色々の人の去就があるものだ。(5)

この背景はやや複雑であるので、少し詳しく説明しよう。

〈河合派の進退会議〉

河合の処分がほぼ決定的になった時点で、河合門下の山田文雄教授、大河内一男講師、木村健康と安井琢磨の助手の４人が河合を訪ねて進退について相談をした。河合が処分されたときに、大学に留まるか、河合と進退を共にするか、という相談であった

この相談をした時の議論について、松井慎一郎は『河合栄治郎―戦闘的自由主義者の真実―』で次のように紹介している。

そのとき、河合は、若い弟子たちが自分と運命をともにすることは望まない、大学に踏みとどまって学問に専心するようにと切言した。山田もこの河合の言葉に賛同して、我々が大学に残って学問に専心することが師に報いることであると発言した。それに対して、大河内、木村、安井の三人は反対し我々も職を辞して、『大学の自由』への破壊に抗議すべきだと主張した。結果的に山田も三人の意見を認め、河合が処分されたときは、４人の弟子も河合と進退をともにするということが決定した。(6)

かくして山田、大河内、木村、安井の４人は、河合が処分されると、辞表を提出したのであった。しかし、当然のことながら、事態はこれで終わらなかった。

後日、平賀総長が若手の大河内、木村、安井に対して遺留の説得を開始したのである。この結

果、大河内と安井の二人は辞表を撤回し、大学に留まる決断をする。二人がこうした決断をするに至るまでには、さぞかし迷い、動揺したことであろう。そのことは、先に引用した「1939年2月23日」の河合の日記でも、河合が「…愈々最後の決定の時が来たのだ。まだぐずぐずしている安井と大河内とを腑甲斐ないと思う」と嘆いていたことでも推測できる。

〈河合と二人の弟子との別離〉

河合と門弟である大河内と安井との関係は、「1939年2月24日」に結論が出る。この日、二人の門弟が河合宅を訪問するが、河合による二人への破門と絶交の宣言に終わる。休職に加えて、二人の愛弟子の破門は、河合にとって痛恨の極みであった。絶交宣言の直後に続く河合の記述（「分かれてから暫く沈黙して、静かに考えた。こうして又二人の門弟を失った。…ともすれば別れた二人のことが頭に出る…混乱の時は色々の人の去就があるものだ。」）は、哀切を極めた心根を吐露したものであった。

しかし河合は、絶交を宣言した翌日（1939年2月25日）の日記で、次のように書いている。

朝山田、木村二氏が来て大河内、安井の事を憤慨した。…戸田君が来て、更に二人の去就を論じ呆れていた。僕は同君の厳正なる批判を保持することを乞うた。…一場の悪夢として早く忘れたい。(7)

翌朝に山田、木村、戸田が河合を訪問したのは偶然であるとは思えないが、今は問わない。三人が大河内、安井の翻意を批判したのは十分理解できることである。しかし、河合が「僕は同君（注・戸田）の厳正なる批判を保持することを乞うた」という心情は分からないでもないが、前もって4人が進退の相談をしに行ったときに、「若い弟子たちが自分と運命をともにすることは望まない、大学に踏みとどまって学問に専心するようにと切言した」河合であってみれば、大河内と安井の翻意を降りかかった「一場の悪夢」又は「悲劇」として正面から受け取るべきであったのではなかろうか。河合自身、「図り難いのは人間の運命である」[8]と述懐しているのであるから。

そしてこの夜、河合は「…夜は塩尻（公明）君…等に手紙を書」いたのである。[9]その手紙が、現在考察中のこの手紙である。

〈手紙の内容の説明〉

前置きが長くなったが、以下では河合の手紙の内容について説明していこう。ただし、上記の記述と重複する部分については省略することにしたい。

その1は、塩尻が完成させて送った翻訳原稿のその後の取り運びを説明しているということである。

河合の説明を整理すると、①ミルの翻訳完成を祝っていること、②数日前に原稿を有斐閣に渡したこと、③まもなく校正が出るので、あなたの方へ送るようにすること、④校正は四校までとるものがあるが、三校で打ち切ってもよいこと、⑤書名を『ベンサムとコールリッヂ』としたこと、⑥註の欧文は横書きであるが、日本文は縦書きにするように指示したこと、⑦「序説」の他に「序文」が必要なので、書いて直接、有斐閣へ送られること、⑧『ベンサムとコールリッヂ』は学界に貢献をするであろうこと、となろう。

先に見たように「大変な時期のただ中」（塩尻公明の記述）にいた河合であったが、研究は計画通りに着々と進めて行っているのであった。

〈土佐へ招待の申し出〉

その2は、河合が「先刻来私の事に就いて御深切《ママ》な御申出を下さいまして有難く感謝します」と書いていることは何を意味しているのかということである。

この文章に続く内容から推測すれば、塩尻が、「大変な時期のただ中」にいる河合を労うために〝少しゆっくりされますように、土佐（高知）へお越しになりませんか〟と申し出たのではなかろうか。[10] 河合の返事は、「4月頃少し遠い地方に子供を連れて旅したいとも思いますが、予審や公判の関係もありますので、何とも予定が付かねます」であった。河合は忙しくて、塩尻の申し出に応えられなかったのであった。

〈理想主義者に不幸なし〉

その3は、「理想主義者に不幸と云ふものはありません。あらゆる事が人間の成長に役立つのですから」という河合の言葉と塩尻との関係について説明しておきたいということである。

筆者などは、この言葉を単純に〝理想主義者として生きようとする者にとっては、いかなる事件も出来事も、凡て人間の成長に役立つものである〟という意味に捉えて、座右の銘としているのであるが、塩尻はその深い意味を次のように詳説している。

社会的経済的な一切の難境も、理不尽な迫害も、また自己自身の道徳的失敗や自己内心の抜き難い煩悩欲情すら、凡そ人間的成長と幸福とにとってマイナスとしか思われぬこれらの事柄の凡てが、若しも我々にして時の熟することを忍耐強く待ったら、また自己自身のそれに対する感受性を打開くなら、必ず人間的成長にとってプラスに転化する面を持っていると思う。これは何らの進行をも盲目的な過程をも必要とすることではなくて、厳乎《げんこ》たる実証的事実にもとずく心身をあげての実感であると思う。しかしこの実感をかちうるに至るためには、執念深くあきらめることを知らない理想主義的精神をもたねばならない。人格完成と幸福の達成とに対する不屈の志をもたないものには凡そ何がプラスでありマイナスであるか、マイナスのプラスへの転換とは何を意味するのか、を把握し得る筈はないからである。だがこのような不屈の魂が、何事か非常に手痛い悲痛の経験を嘗《な》めて、一時は絶望と混乱との深淵に沈みながら、然もその悲痛の経験なしには到底かちえられないような魂の教訓と人間的成長とを確実につかんで立上るという事実を経過するときに、いつのまにか一切の事件が悉《ことごと》く転じて自己に益をなすものであるという牢固として動かぬ実感を獲得することになるのである。このことは必ずしも所謂宗教家や有神論者や唯心論者のみには限らない。如何なる思想の持主であっても、如何なる職業者であっても、その根柢に於てあきらめることを知らぬ理想主義的精神をもち、その精神に沿うて真剣なる生活を続けて止まない人にはいつかはこの事が起り得るのであると思う(11)。

〈塩尻の揮毫の言葉〉

塩尻は数種の色紙に彼の言葉を揮毫しているが(12)、晩年によく揮毫した言葉は以下の二つであった。

① 「理想主義者に不幸はありえない。あらゆる事件が成長の糧となるのであるから。」（例えば、塩尻が1962年1月28日に色紙に揮毫した言葉）

② 「この世に生まれ、人格成長のために努力して、人知れず世を去った、ということだけでよろしいの

だ。」（例えば、塩尻が1962年1月28日に色紙に揮毫した言葉）

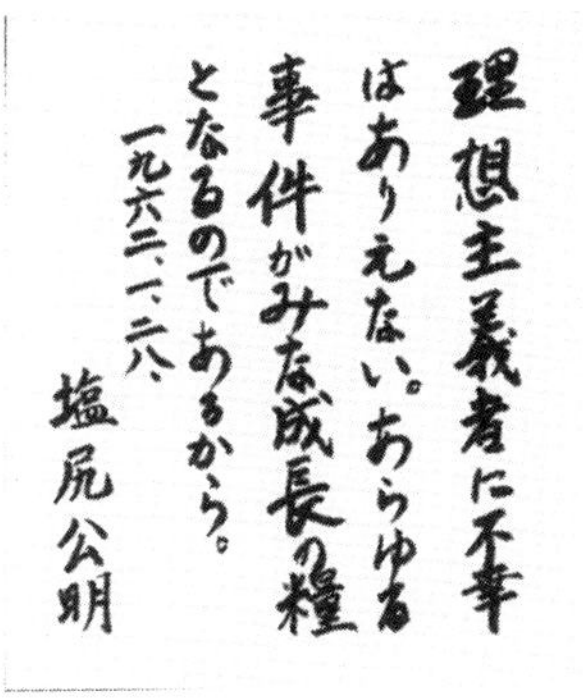
理想主義者に不幸
はありえない。あらゆる
事件がみな成長の糧
となるのであるから。
一九六二、一、二八、
塩尻公明

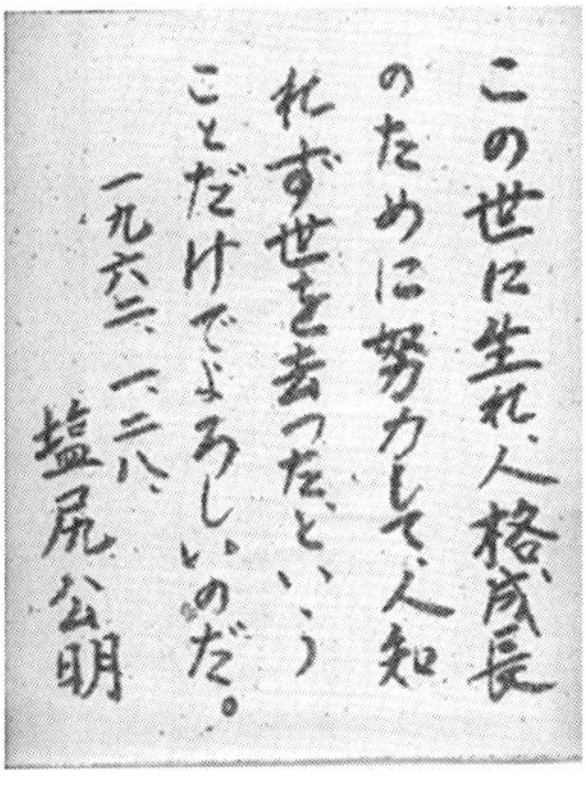
この世に生れ、人格成長
のために努力して、人知
れずせを去った、という
ことだけでよろしいのだ。
一九六二、一、二八、
塩尻公明

①は、先述した河合の言葉（「理想主義者に不幸と云ふものはありません。あらゆる事が人間の成長に役立つのですから」）を、塩尻なりに文言を若干言い換えたものである。これに類した言葉として、塩尻は「河合先生の思い出」の中で、「理想主義者に不幸というものはありません。すべての事件がみな成長の糧となるのですから[13]」と書いている。

②は、「（河合）先生の晩年に時として口にされた言葉[14]」として塩尻が紹介しているところであるが、その塩尻自身が、別のところでは「この世に生まれ、人格成長のために努力して、人知れず世を去った、ということこれだけでよろしいのだ[15]」という紹介もしている。

①と②の言葉の出所は河合の文章や「口にされた言葉」であるが、ともに塩尻が彼なりに表現を工夫していることが分かる。しかしながら塩尻の工夫が加味されているとは言え、河合の言葉の借用もしくは盗作の色合いが濃厚であると指摘されても致し方ないであろう。そのことは塩尻

も十分承知しているようで、彼は次のように正直に告白している。

しかし、私自身の全生活を支えている究極の根底ともいうべき信念が、この言葉によって、最も実感的に、また最も抹香くさくない形で、表現されているかのように思われるので、先生もおそらく、この盗作を深くはお咎めにならないであろうと己惚れているのである。(16)

塩尻は、河合の言葉が余りにも自分の全生活を支えている信念を表現しているので借用させていただいていると、実にあっけらかんである。かつて木村久夫が塩尻に甘えたように、塩尻は河合に甘えているかのようである。真の師弟関係とは、師と弟の間に〝甘える(又は、甘え)〟という一側面を含んでいるのではなかろうか。

注

1　塩尻公明「河合先生の手紙」『社会思想研究』20巻8号、1968年、14頁。

2　全集第23巻・日記、109頁。

3　同前、112頁。

4　同前、114頁。

5　同前、114〜115頁。また、河合は「1931年の回顧」でも、「人としては大河内（一男）、安井（琢磨）と別れた」と書いている（同前、143頁）

6　松井慎一郎『河合栄治郎―戦闘的自由主義者の真実』中公新書、284〜285頁。

7　全集第23巻、115頁。

8　河合栄治郎「教壇生活20年」全集20巻、128頁、「日本評論」1939年4、5月号。

9　全集第23巻、115頁。

10　河合教授事件について、塩尻が如何に憤慨していたか、また彼が河合のために何をしようと考えていたについて、当時、旧制高知高校生であった鈴木登（昭15・文乙）は次のように書いている。「（昭和）14年1月河合教授事件の起った時、痛烈に反対派の両教授を批判されたが、河合教授の身辺に危険が感ぜられるようになったら、土佐の山村にかくまおうと思ってその場所を探しているといわれたときには…先生の芯の強さに驚嘆するとともに、恩師河合先生への傾倒ぶりに敬服したのであった。」（鈴木登「心に残る恩師」、『塩尻公明会便り』No.3、2頁。この点については、中谷彪『塩尻公明―求道者・学者の生涯と思想―』大学教育出版、2012年、147頁、同『塩尻公明評伝―旧制一高教授を断った学究的教育者―』桜美林大学北東アジア総合研究所、2013年、112頁などでも触れたので、参照されたい）。

11　塩尻公明「河合教授と手近の理想主義」、塩尻公明・木村健康・猪木正道『現代随想全集』第16巻、創元社、1954年、72〜73。

12　例えば、以下のような言葉である

①「常に高きを目指し、己れを喜ばせ得ることは何一つ為し得ないときにも常に努力をつゞけ、落胆することなく反復それを試みよ　40、3、4、塩尻公明」

②「マイナスの教育力に対する感受性を磨くことによって人生の秘義に通じ得る　52、1、3、塩尻公明」

③「マッチの箱よりも書物を大切にせよ。万巻の書物よりの自分の書く一つの論文に心をこめよ。いかなる論文よりも人知れずはこぶ一片の愛の心を大切にせよ　1955、1、18、塩尻公明」

13　前掲「河合先生の思い出」、6頁。

14　前掲「河合先生の手紙」、14頁。

15　前掲「河合先生の思い出」、6頁。

16　同前、6頁。なお、塩尻がよく引用している河合の言葉については、中谷彪『塩尻公明と河合栄治郎――他力と自力の人間学――』（桜美林大学北東アジア総合研究所、2013年、14～15頁）で列挙してあるので参照されたい。

(6)　１９３９（昭和14）年７月13日の手紙

高知市西新屋敷35
塩尻公明様

軽井沢１７６０
河合榮治郎

○御手紙拝見、また一年が廻りました。此の一年は私にとりまして誠に多事の一年でした。二月から三月にかけて二度ほど関西の方へ旅をし、四月下旬から一カ月の予定で奈良に滞在して、こんな時にでも自分の今までの生活に欠けていた芸術の方面の理解を加えたいと思い、方々の寺を巡礼したり、日本に関する書物を読みました。之は私に一生面を開いてくれました。若し出来たら秋には京都で同じ事をやろうかと思って居ります。

奈良の滞在中に予審に召喚されまして約一カ月かかりまして漸く6月下旬に済み、再び十日位関西へ行きました。土佐へとの御深切な御話でしたが、先ず関西へもとの積りでこんな生活をしました。之は実は志賀直哉の「暗夜行路」を読んでから思いついたものなのです。

「日本評論」に書いたものはやはり陸軍の抗議で社の方で腰が折れたので、私もあんなものを今書くよりもまだすることがあると思って中止と決定したのです。

ミルの訳は有斐閣から聞きまして大分進行した由、君の名前の書物の出ることは私にとっても嬉しいことです。戸田君には数日前に渡して置きました。

夏休みに留守宅に御いでのこと、今年は弟の家族が居りますが、よく話して置きますから遠慮なく御出入下さい。御目にかかることは丁度軽井沢に居りますが、高知御出立の頃御知らせ下さい。或は丁度東京に出て来れるかも知れませんし、或は軽井沢へ御越しを願うかも知れません。

若し本が出たら西川氏には一冊御贈りしては如何ですか。茶木君から消息をきくのですが、今東京に隠退して居られるようです。

土井晩翠氏からは色紙を貰いました。その大学新聞の記事と云うのは拝見していませんが、一寸御知らせ下さいませんか。

右細々と色々のこと御知らせまで
7月13日　明日軽井沢へ立ちます

河合榮治郎

塩尻学兄

（解説）

以下、この手紙について解説をしておこう。

〈多事の中での旅行〉

その1は、前の手紙から約5カ月後に、河合が塩尻に出した手紙である。冒頭に「御手紙拝見」というのであるから、先に塩尻から河合への手紙があって、それへの返事ということである。

まだ7月中頃に書いている手紙であるのに、「また一年が廻りました。此の一年は私にとりまして誠に多事の一年でした」と書き始めているということは、河合にとって1938年から1939年にかけては実に多事で多難な1年であったという実感を正直に告白したものであろう。多事で多難であった内容については前の(5)で触れたので、ここでは繰り返さない。

その2は、この多事の中にあっても、河合は四回の旅行をしていたということである。

河合の手紙によれば、「二月から三月にかけて二度ほど関西の方へ旅をし、四月下旬から一カ月の予定で奈良に滞在して」いたということである。さらに河合は、「奈良の滞在中に予審に召集され」たので、一旦帰京し、6月下旬に「再び10日位関西へ行きました」とも書いている。一体、どういう日程で関西方面へ旅行したのであろうか。

以下では、河合の日記から、河合が書いている1939年2月から7月13日までの旅行歴を追跡してみよう。特にここでは、その旅行中の河合の心の動静にも注目していきたい。

〈名古屋方面への旅行〉

一度目の旅は、名古屋（木曽川、日本ライン、犬山城）方面への旅行である。

河合は、夜に塩尻と土井に手紙を書いた翌日の1939年2月26日から5泊6日の旅に出発している。すなわち、26日に東京を出発して熱海に一泊、27日に蒲郡のホテルに到着している。熱海の宿では「まだ自分は足りない。誰よりも自己を批判することの必要が感ぜられ、不安の一夜を送った」と、自己反省と自己批判とを必要とするという自分の心境を書きつけている。

その後、河合は木曽川の日本ラインや犬山城を見学して、3月3日に帰宅している。

帰宅後の河合には、多くの来客や面談があり、多忙な日々が続く。その間にも、河合の心境を示している「日記」の内容を少し追加しておこう。

すなわち、3月5日の河合の日記には、「之からの公判に付いて弁護士のこと、二審、三審のこと等をも話し合って計画は定まった」と書きながらも、その直ぐ後で、映画を見ながらも「ともすれば大学のこと、二人のことが頭を往来する」と綴っている。そして「やはり東京に帰ると色々な人の来訪で頭が乱される」と記している。二人とは、大河内と安井のことである。

河合は3月12日には箱根に出かけるが、翌13日の日記には「時々大学のこと、二人のこと、演習の会などが頭に浮かぶ。然し間もなく去る。（中略）まだ本当の和らぎの気持ちではないが、少なくともここにいる間の気持ちはそうだ」と書いている。河合は、まだまだ心の動揺の中にいることが窺える。

〈関西方面への旅行〉

二度目の旅は、関西（奈良、和歌山）方面への旅行である。

この旅行は1939年3月22日に二女と共に東京を立ち、蒲郡、鳥羽・伊勢、奈良、高野山・白浜（和歌山）、蒲郡を経由して、4月2日に戻っている。河合は日記で、訪ねた何処でも大いに感激したことを素直に記している。

ただ筆者には、河合が旅の最終段階の3月31日の日記で、自分の心境が随分と安定したことを以下のように綴っている箇所が印象的である。

二月以来何と云っても大きな生涯の転機であった丈に色々と心が動くこともあった。二月初めの箱根の旅に於て特にそうであり、二月末の旅でもまだそれがあった。然し今度はそれがなくて過去の事として後に退きつつあり…。もう過去に囚われずに自分の路を歩むのだ。そして此の後の自分の成長丈が最良の意味に於ける批判になるのだと思う。…

自分の中の欲情は中々に強い。そしてトコトンまで往かなくては済まない気持ちも依然として昔の通りだ。そしてそうだから、なまじ不徹底にして置くと却って後に引かれる丈だという気が自分をトコトンまで駆る。

…1月31日以来2カ月はやはり生涯の一つの時期であった。そして大体に於てよく送れた二カ月であった。(1)

河合は、1939年の1月31日以来2カ月は「生涯の転機であった丈に色々と心が動くこともあった」が、それはもう「過去の事」であり、これからは「もう過去に囚われずに自分の路を歩むのだ」、しかも「自分の中の欲情は中々に強い」ので「トコトンまで往かなくては済まない」のだ、と言っているのである。

ここには2月27日に日記に書いたはずの自己反省も自己批判もない。むしろそれらの払拭と忘却である。それはまた、自己の「欲情」の強さの新たな肯定であり、「もう過去に囚われずに自分の路を歩むのだ」という開き直りの宣言である。

〈再度の奈良旅行〉

三度目の旅は、再度、奈良への旅行である。

この旅行は１９３９年5月5日に東京を立ち、奈良に滞在していたが、20日に電報が来て、予審が明後日（22日のこと）から始まるということで、５月21日に帰京している。

今回は、初日の5日に蒲郡に一泊し、翌日、名古屋経由で奈良の「若草旅館」に落ち着いている。その後河合は、同旅館を拠点にして帰京する前日まで、奈良県内の主要な寺院（春日社、東大寺、二月堂、三月堂、正倉院、知足院、法隆寺、中宮寺、橘寺、岡寺、長谷寺、橿原神宮、般若寺、法起寺、法輪寺など）や名所（若草山麓、奥山、多武峰、畝傍、サギ池、あやめ池など）を精力的に訪ね廻っている。

〈三度目の奈良旅行〉

四度目の旅は、また奈良旅行である。これは、三回目の旅が予審の召集で中断されたために、改めて訪ねたという次第である。河合が短期間に奈良を3回も訪れたということは、河合がいかに奈良に魅力を感じていたかを示している。今度は、１９３９年6月25日に東京を立ち、７月４日に帰京している。

今回も「若草旅館」に宿泊して奈良市周辺の寺院（薬師寺、唐招提寺、室生寺、法華寺、大仏殿、三月堂など）や名所（猿沢池、博物館、赤目渓谷）を訪問したり、京都あたりまで足を伸ばしたりしている。

6月30日にはケーブルで生駒山に上り、「山の家」や「ホテル」に宿泊しては、信貴山までの山頂を縦走したりしている。

河合は、これまでの3回に及ぶ奈良旅行を回想して、「ともかくよく大和の野を歩いたものだ。そして大和と奈良とに親しみを感じ一生の思い出の種となるだろう[2]」と満足し切ったまとめをしている。

この満足感は、この手紙でも「之（注・今回の奈良への旅行）は私に一生面を開いてくれました。若し出来たら秋には京都で同じ事をやろうかと思って居ります」と書いている箇所にも表れている。

〈「昨今の心境　三」の執筆〉

なお、河合が6月29日に奈良の宿で書き上げたのが「昨今の心境　三[3]」である。その中に、河合の人間的学問的性格を示していると思われる箇所がある（…は筆者が中略した箇所であるが、文章の順序①〜③は変えていない）。

① 自分は日本や東洋の思想に関しては、決して無関心ではなかった。…然し焦って仕事をしている時は余裕もなかったし、若い時は日本のことをすると保守的になることを恐れたのと、若い時に西洋の学問で頭を鍛錬する必要があると思ったからである。然し今漸くその時に来たのであろう。…

自分は「教養」などと云いながら、教養は狭かった。育った家庭の環境もあり、焦った学生生活の為もあり、妙なピュリタン的の気風もあったろう。然し此の頃になって漸くそれを感じ出したし、それを補うような境遇にもなったのであろう。…今漸く時機が来たとも云える。(4)

② 二月以来色々のことがあり、自分の反省したことも、視野の広がったこともあるが、詳細に思想の再検討は留保して少し経ってからにしよう。今は享受と摂取との時だ。己を空しくして豊富にあらゆるものを受け取ろう。(5)

③ 根本的のことは西洋のことだってよくは分かっていないのだ。キリスト教、中世のこと、希臘のこと、英国のこと、独逸のこと、誰が何と云っても微塵も揺るぎもしないほど根底的には掴んではいないのだ。今は再び高等学校の生活をする積りで、すべてのやり直しをしよう。(6)

これらの記述から見えてくることの1つは、元々この文章は「昨今の心境」をまとめた文章であるが、文章の構成が整理されていないということである。言い換えれば、整理されて記述されていないのではないかということである。

つまり①では、河合自身が日本と東洋の思想に関して深く理解してこなかったことを反省し、③では、「西洋のことだってよくは分かっていないのだ」と反省しているのであるが、その文章が離れて書かれているのである。

2つは、「日本や東洋の思想に関しては、決して無関心ではなかった」ことの理由が、必ずしも説得的ではないということである。

すなわち「焦って仕事をしている時は余裕もなかったし、若い時は日本のことをすると保守的になることを恐れたのと、若い時に西洋の学問で頭を鍛錬する必要があると思ったから」というのは、独善的な言い訳であり、また、それは偏見に属する説明ですらある。

3つは、2のような理由を述べて、③で「西洋のことだってよくは分かっていないのだ」と言うに至っては、日本や東洋の思想に関しても、西洋の思想に関してもよく分かっていないと言っているに等しく、河合自身が自らの学問を否定していることになっているのではないかということである。

4つは、2と3のような見解を述べながら、②のように「詳細に思想の再検討は留保して少し経ってからにしよう」と問題を棚上げし、「今は享受と摂取との時だ。己を空しくして豊富にあらゆるものを受け取ろう」と言い放っているのであるが、そうした彼の学問は砂上に楼閣（精々、〝庵〟程度のもの）を建てようとすることになるのではないかということである。

〝昨今の心境〟を書き留めた短い文章の一節を取り上げて、揚げ足取りのような形で問題点や矛盾点を指摘することについては慎重でなければならないが、そういう文章にこそ執筆者の本音が出るものであるという面もなきにしもあらず、である。引用した河合の文章から筆者は、河合は今ある自分の思想や行動を吟味したり再検討したりするよりも、ひたすら外から内へ次々と新しい知識や思想を取り入れようと考えるタイプの人であったように思われる。
しかしながら、学問研究も人生も、時には立ち止まり、謙虚に自己点検（自己反省や自己批判）をすることが必要ではなかろうか。そうしないと学問研究も深まらないし、人生の妙味も知ることができないのではなかろうか。
その2は、「土佐への御深切な御話」については、すでに(5)でも触れたので、それを参照していただくことにして省略する。

〈軍部の抗議で出版中止に〉

その3は、「日本評論」に書いたものが陸軍の抗議で出版中止となったというのは、『教壇生活二十年』が出版中止になったことを指すのであろうということである。
この件については、河合が1939年4月15日の日記に、次のように書いている内容と符合する。

評論社から電話で会いたいと云う。其の筋の注意ででもあるのかと聞いたらやはりそうだと云う。二人（山田文雄、木村健康）が来て聞いてみて、やはり中々迫害が執拗らしいことが分かった。之は一つ考慮せね

ばならない転機だ。或いは一切の発表を控えて内に籠もれと云う暗示かもしれないと思う。(7)

ちなみに河合は、1939年6月29日に記した「昨今の心境　三」でも、この件に関連して次のように書いている。

『教壇生活二十年』は4月の下旬に軍部から文句が出て中止になった。或いはこう云うものを書かないで沈潜する方がよいとの暗示かとも思い、之は思い切りよく止めにした。(8)

賢明な河合は、外部からの執拗な圧力と内からの暗示とを敏感に感じ取り、一時的に沈潜しようと考えたのである。

なお、この時出版を断念した『教壇生活二十年』は、河合の死後数年後の1948年2月に、門弟の石上良平によって編まれて鬼怒出版からされた。

その4は、ミルの訳書『ベンサムとコールリッヂ』が印刷中で、近々出版されることを喜び、出版後のアドバイスをしているということである。

河合が「君の名前の書物の出ることは私にとっても嬉しいことです」と書いているのは、塩尻にとって『ベンサムとコールリッヂ』が最初の本であり、また、同書が背表紙に塩尻公明の名前が入る最初の本となることを喜んだものである。

また河合は、同書が出版された暁には、J・S・ミルの自伝の訳者である西川正身氏（1904・9・15－1988・1・25、東京大学文学部アメリカ文学講座教授）に1冊贈呈しては如何ですかとアドバイスしている。というのは、河合は、塩尻が同書の「序説」の叙述に当たって西川訳『ミル自伝』（岩波文庫、1928年）に多くを負っていることを知っていたからである。(9)

〈塩尻、軽井沢の河合を再訪問〉

その5は、塩尻が上京の折の訪問と再会とを歓迎しているということである。

河合がこの手紙の冒頭で「お手紙拝見」と書いているように、塩尻はこの手紙の前に河合に手紙を出して、上京の予定あること、その時、大井町の河合宅（とりわけ書斎）を訪問したいことを伝えたようである。

丁度その頃、軽井沢に滞在していた河合は、塩尻が高知を出発する日をお知らせくだされば、東京で会えるかも知れないし、或いは軽井沢へお越し願うかも知れない、と再会の希望を伝えているのである。

この時の河合の軽井沢滞在は長期間になっているが、この時も塩尻は、軽井沢の別荘に河合を訪問している。そのことは、次の(7)で見る河合の手紙で知ることができる。訪問した日は分からないが、おそらく塩尻が勤務する旧制高知高校が夏季休暇に入った7月21日以降であったのではないかと推測する。

さて、この時の塩尻の訪問の用件は何であったであろうか。1つは、河合が知りたかった大学新聞の記事を持参したか、その内容を報告したことである。いま1つは、(7)の手紙の内容から推測して、学生叢書の『学生と科学』で執筆を依頼された原稿（「社会科学への憧憬」）を持参したのではないかということである。

なお塩尻は、この上京の際に、軽井沢の他に、河合が留守中の河合宅へも立ち寄っている。河合の書斎から著書を借用するのが目的であった。この件については(8)の手紙の箇所と関連するので、そこで再度、触れることにしたい。

その6は、河合がこの手紙を書いたのは7月13日であるが、河合は翌日から軽井沢に向かっているということである。

河合が手紙の文末に「明日軽井沢へ立ちます」と書いているように、河合はこの手紙を東京の自宅で書いたが、明日から軽井沢へ行くので、軽井沢の別荘の住所を書いたということである。

こうした河合の行動については、河合の日記でも7月14日の朝8時半の上野発で軽井沢に立っていることが記されており、確認することができる。(10)

注

1　全集第23巻、日記、121～122頁。

2　全集第20巻、「昨今の心境　三」、117～118頁。

3　同前、116～121頁。

4　同前、118～119頁。

5　同前、121頁。

6　同前、121頁。

7　全集第23巻、日記、124頁。

8　全集第20巻、116頁。

9　塩尻自身は、『ベンサムとコールリッヂ』の「序文」の終わりで、お世話になった方々に対して次のように書いている。「本書の成るに先立ち、戸田武雄氏は序説と訳文との全部を通読されて数多くの訂正と注意とを与えられた。また友人苅部一衛氏は、繁忙なる医務の傍ら原稿の大部分を通読して批評を与えられ、同僚阿部孝・吉川進・八波直則三氏は、翻訳に関して度々の質問に快く答えてくださった。その他色々の事柄に就いて色々の人にお世話になった。茲に、心からなる感謝を捧げる。…　昭和14年7月28日　訳者」。

なお、塩尻は同書の124頁、132頁で、西川正身を西川正美と書いている。

10　全集第23巻、日記、１３３頁。

(7)　１９３９（昭和14）年10月18日の手紙

高知市西新屋敷35
塩尻公明様

河合榮治郎

○拝啓
夏には軽井沢で御目にかゝりまして嬉しく思いました。あの折りの御原稿も拝見致し、多少の削除をして社の方へ送りました。

「科学」は11月の初め刊行されましょう。暮には「歴史」を出すことにしました。

「ベンサムとコールリッヂ」も有斐閣から送って来まして、君の著述の出来として一層嬉しく感じました。そしたら御金を戴きまして恐縮しましたが、御好意を有難く御受することに致しました。よい本を求めて君からの御志の旨を記入して置きましょう。重ねて御礼を申上げます。あゝして本になってみますと、君も嘸《さぞ》御満足であったでしょう。僕も君の為のみならず、ミルの作物が一つ紹介されたものとして、ミルのためにも英国思想の為にも何となく喜ばしく思います。

「科学」が出て君のが又活字となったり、又その感を新にするでしょう。「休まず急がず」（Ohne Rast, ohne Hast……Goethe）御勉学の為切望します。

10月18日　　河合榮治郎

塩尻公明様

〔解説〕

この手紙は短いが、若干の解説をしておこう。

〈塩尻が軽井沢の河合を訪問〉

その1は、この手紙の冒頭の記述から、塩尻が軽井沢の河合を訪ねて行ったことが分かることである。

その2は、河合が「御原稿も拝見致し、多少の削除をして社の方へ送りました」と書いているのは、おそらくこの時に、河合が編集している学生叢書の第7巻目に当たる『学生と科学』で、塩尻が執筆を依頼されていた原稿（「社会科学への憧憬」）を書き上げて持参したこと、また、その原稿を河合が添削して出版社の日本評論社の方に送ったということを意味していると思われる。ちなみに河合は「科学」（注・第7巻『学生と科学』のこと）を1939年の11月に出版する予定であったが、実際に発行されたのは12月であった。しかも、塩尻ら三人の原稿は、都合で第8巻『学生と歴史』に収録されることになった。これについては、次の(8)で述べることになる。

〈『ベンサムとコールリッヂ』出版される〉

その3は、塩尻訳の『ベンサムとコールリッヂ』が出版されて、出版元の有斐閣から河合に送られてきたということである。河合は、塩尻の初めての著書が出版されたことを、塩尻のためにも、ミルのためにも、また英国思想のためにも喜ばしいことであると讃えているのである。

その4は、河合が「御金を戴きまして恐縮しましたが、御好意を有難く御受することに致しました」と書いているのは、塩尻がお世

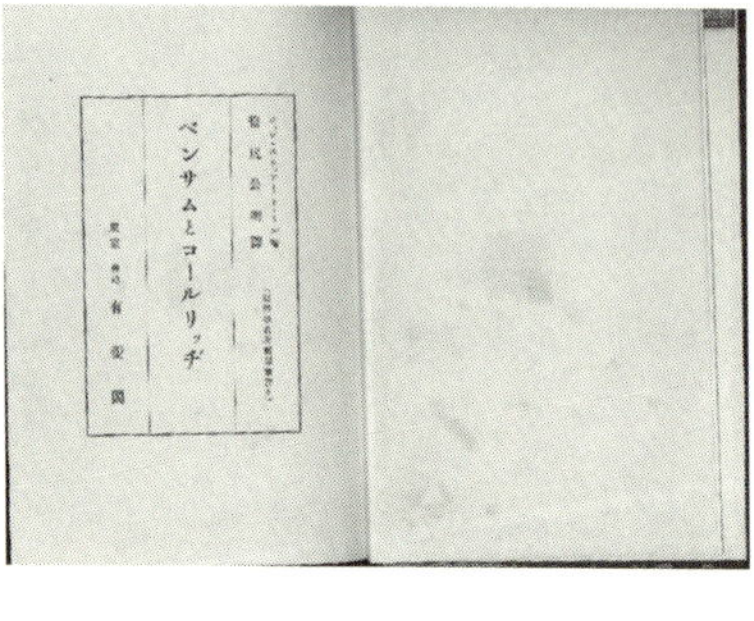

話になったお礼として幾ばくかのお金を河合に送ったことを意味しているのであろう。

河合は恐縮しつつも、「御好意を有難く御受」け入れ、それで欲しい本を買うことにしたい旨伝えている。

その5は、河合が「『科学』が出て君のが又活字となったり、又その感を新にするでしょう」と書いているのは、やや理解しにくい文章であるが、学生叢書の第7巻『学生と科学』が出版されれば、原稿が活字になるので、新たに満足感と喜びとを感じることでしょう、と言っているのである。河合は、『学生と科学』が塩尻にとって2冊目の著書となることを喜び、今後の活躍を激励しているのである。

〈「休まず急がず」〉

その6は、河合はゲーテの有名な言葉「休まず急がず」（Ohne Rast, ohne Hast）を引用して、今後とも勉学を続けるようにと、塩尻を励ましていることである。

なお、ゲーテ（Goethe）の格言は、Ohne Hast, ohne Rest.（急がず、休まず）である。[1]

注

1　このゲーテの言葉は、「温順なクセーニエン」第二集（Zahme Xenien II）にある左の詩の傍線を引いた二〜三行目が相当する。

Wie das Gestirn,
Ohne Hast,
Aber ohne Rast,
Drehe sich jeder
Um die eigne Last.

星のように、
急がず、
しかし休まず、
人はみな
おのが負いめのまわりをめぐれ！
（高橋健二訳）

(8) 1939（昭和14）年12月6日の手紙

高知市西新屋敷35
塩尻公明様

河合榮治郎

○拝啓　その後は御変りありませんか。
実は君に申訳をしなければならないのですが、「学生と科学」の為に君の玉稿を戴き、その計画で進捗し、今月号の「日本評論」にも織り込みの広告までしたのですが、愈々印刷にかかるとなって頁数の意外に増大し3円の定価にせねばならないことになり、どうしても二円で済ませたいので色々思案の結果として、君と蝋山、戸田の二君とのを1月下旬に刊行する「学生と歴史」に廻し、「文化科学の諸問題」と云うような特別の部を設けて、そこに入れて貰うことになったのですが、折角「科学」の為に寄せられたものを次に廻すのは誠に済まないことで、私としても非常に躊躇したのですが、悪しからず御了承を願いたいと思います。今般の「文化科学の諸問題」に挿入するとして、其の表題は「研究の回顧」の一つではないので何とか付けたいと思いますが、何か「科学への憧憬」とか何とか適当の表題を御考え下さいませんか。

尚永い間御原稿を御待たせしたのですから、何れ「歴史」が出てから清算は致しますが、ともかく一応概算として年末に原稿料を社から御送り致しますから、何卒その御積りで御収め下さい。

12月6日

河合榮治郎

塩尻学兄

夏に御持ち帰りの僕の書物は何でしたか。御知らせ下さいませんか。

〔解説〕

この手紙は、主要には、〝お詫び〟と〝善後策〟と〝お願い〟の内容であるので、非常に分かりやすい。ただし、その内容について二、三点、簡単に説明しておくことにしよう。

〈〝お詫び〟と〝善後策〟〉

その1は、学生叢書第7巻『学生と科学』に掲載予定の塩尻、蝋山、戸田の執筆原稿が、頁数と定価の都合によって収録できなくなったので、それらを1月下旬に刊行する予定の第8巻『学生と歴史』に廻すことにしたので、どうかご了承をお願いしたいというのである。

その2は、『学生と科学』に収録するために依頼した原稿を『学生と歴史』に収録するには、編者としての河合があれこれと苦労しているということである。

河合の手紙によれば、塩尻、蝋山、戸田の執筆原稿を「文化科学の諸問題[1]」という特別の部を設けて、そこに入れるというのである。

ちなみに『学生と歴史』では、「序文」「緒言　歴史への関心」の次に「第一部　歴史学」「第二部　各歴史の特性」「第三部　歴史の考察」「第四部　読史の回想」が続き、最後に「第五部　文化科学の諸問題」が位置する。

この部構成を見ても、「緒言」から「第四部」までは納得がいくが、「第五部」には若干の違和感を覚えざるを得ない。

次に、「第五部」の論稿題名と執筆者名とを列記すると次のようになっている。

歴史と諸科学、歴史学派（戸田武雄）
科学と価値判断（戸田武雄）
科学と社会（蝋山政道）
社会科学への憧憬（塩尻公明）

この4つの論稿のうち、「歴史と諸科学、歴史学派」はそう大きな違和感を覚えないが、他の3つの論稿は元々『学生と科学』のために書かれたものであることが明らかであり、やはり同書に収録された方が適切であったように考えられる。

しかしながら編者の河合は、『学生と歴史』の「序文」で、「第五部」について次のように説明している。

最後の部では歴史から文化科学へと参り、ここに戸田武雄、蝋山政道、塩尻公明三氏の文章を乞うた。右の内で戸田氏の「科学と価値判断」が「学生と科学」に入るべかりしものを本書に廻したのであり、塩尻氏は特異の経歴を経た高等学校教授であるが、本文はいかにして社会科学へ関心を持つに至りしかの経路を語るものとして、読者に示唆する所が多いであろう。(2)

河合は、「戸田氏の『科学と価値判断』が『学生と科学』に入るべかりしものを本書に廻した」と正直に告白しているが、それをも含めて、上述の文章を「第五部」の位置づけを説明した文章とするには、明らかに説明不足もしくは説得力を持たないと言わなければならない。また河合は、塩尻について「特異の経歴を経た高等学校教授である」と紹介し、さらにその論稿が「社会科学への関心を持つに至りしかの経路を語るもの」と論じているが、塩尻執筆の「社会科学への憧憬」が「歴史(学)」とどう関連しているのかについてはなお十分には説明していないように思われる。

やはり『学生と歴史』に「第五部」を設けて、「科学と価値判断」「科学と社会」「社会科学への憧憬」を収録することに無理があったように思う。

ともあれ同書は、当初の予定から数カ月後の1940年4月に出版されている。

〈印税の支払いの連絡〉

その3は、原稿料に対する印税の支払いの連絡をしているということである。

この場合の原稿料(印税)とは『学生と歴史』に執筆した「社会科学への憧憬」への原稿料と考えられる。このことは、元々編者としての河合が、塩尻にその原稿を『学生と科学』に収録する予定で夏までに寄稿することを依頼したものであり、また、その原稿は編集の結果として次の巻の『学生と歴史』に収録することになっているが、原稿料だけは取り敢えず概算として年末まで出版社(日本評論社)から送るように指示したということであろう。おそらく学生叢書については、〝学生叢書に関する内規〟らしき内規を制定していて、河合と日本評論社はその内規に則した執行をしたのであろう。

〈図書の貸し出し〉

その4は、追記の「夏に御持ち帰りの僕の書物は何でしたか。御知らせ下さいませんか」という問いかけは、塩尻が河合の留守宅の書斎から持ち帰った本の名前を尋ねたものである。

河合は門弟たちには書斎を開放し、彼らが必要とする書物の持ち出し（貸し出し）を許可していたようである。塩尻も高知で入手できなかった本で、しかもそれが河合の書斎にあることを確かめていて、河合宅を訪問したに違いない。

ただし河合は、その貸し出しノートをつけていたのではなかろうか。それゆえに、尋ねたのであろう。書物や資料を大切にする研究者としては、当然の行為であると考える。

ただし、次の手紙(9)の冒頭に返却されたと思われる本の名前が出てくるが、それが河合がここで尋ねている本であるかについては速断できない。その間に、1年半以上の時間的経過があるからである。

注

1　文化科学（Kulturwissenschaft）とは、リッケルトの用語で、事物の反復しない一回的個別性を超越的な価値に基づいて選択し記述する科学。対象の一般性を明らかにして法則を定立する自然科学に対していう（デジタル大辞泉より）。ただし、「第五部」の４つの論稿が文化科学に該当するかについては、筆者は疑義を抱いている者である。

2　河合榮治郎「序文」、河合榮治郎編『学生と歴史』日本評論社、１９４０年2月、3頁。なお、同文が全集第18巻『学窓記』、３３７頁にも収録されている。

(9)　１９４１（昭和16）年7月末日の手紙

高知市城北町39
塩尻公明様

軽井沢１７５０
河合榮治郎

○拝復　レヤードの本、正に受取りました。「自由論」の第一版と「明治文化全集」の社会論、小包で御送りしました。申すまでもなく、何れも稀少なものなので、然るべく大切に御保管下さい。

さて「自由論」の邦訳御引受下さいまして有難う御座いました。ゆっくりで結構です。訳は出来る丈原文の意味に忠実に、そして誤りなきように、そこに細心の御注意を御払い下さい。日本文としての表現及びミルの風格に相応するようには私が致す積りです。その御積りに願います。

巻頭には私が稍《やや》詳しい「解説」を書く予定です。

尚、私が拝見する前に清書下さる時に一行置きに書いて下さい。

柳田泉氏の功利主義、自由論の訳がありますが、御存じでしょうね。

「五大哲学者」は今不要ですが、一寸必要なのはあの五大哲人はだれでしたかしら。それも定価と発行所を御知らせ願います。目下「教養文献解説」を書いているものですから。

私の公判は7月3日になりました。大審院に行きまして、もう被告は法廷には出ないので、公判は之が最後です。何だか残惜しい気がしました。判決は8月末でしょうか。結果がどうであろうとも、3人が総力を挙げて奮闘はしました。もう何の遺憾もありません。一段落ついて「解説」を書きつつ「理想主義体系」に着手しました。1年に1巻、6年の予定です。実際、昨今ほど心の楽しい、体の健やかな時はありません。

７月末日
軽井沢１７５０
河合榮治郎

塩尻学兄

〔解説〕

前回の手紙(8)が１９３９（昭和14）年12月６日付であったので、この手紙までの間に約１年８カ月が経過している。この間に、河合と塩尻との間に何通かの手紙の交換があったはずである。しかし、筆者はそれらを所有していない。

〈塩尻の「河合先生の手紙」から〉

しかし、この間の河合の動静を説明してくれる文章を塩尻は「河合先生の手紙」の中で書いている。そこで、その文章を引用して参考にすることにする。

先生はこの手紙を書かれた日の前の年（昭和15年・1940年）に、岩波書店からミルの『自由論』の翻訳の依頼を受けられたが、当時、翻訳に時間をついやすにはたえられないほど、胸のうちに燃えるものがあって、これの代わりに、『学生に与う』を書かれたのであった。そして、この手紙の少し前（昭和16年7月）に、私にたいして、『自由論』の下訳をして、先生と共訳者ということで出版するつもりはない、とおさそいがあった。ところが私の方でも、ちょうど、時間と労力とを多量に必要とする一つの仕事を進行中であって、これを中断して『自由論』の翻訳に向けるということは、力の乏しい私としては、ちょっと躊躇したいことであった。しかし、先生と一しょの仕事ということは、再びあることかどうか分らない。私は考え迷い、まる一日桂浜のあたりをさまよい歩いて、気分の転換をはかり、ついにお引受けする決心をした。その一日の考え迷いながらの散歩は、不思議に記憶が鮮かで、20年以上も前のことであるのに、桂浜の砂利のふみ心地までまざまざと思い浮かべられるのである。その決心を伝えた手紙に対する先生の返事が、この手紙であった。(1)

この文章の中に、河合の1940（昭和15）年（敢えて言えば、1939年12月6日）から1941年7月末日までの動きを窺うことができそうであるので、それを筆者なりに追跡してみよう。

〈法廷闘争の推移〉

１つは、この期間は法廷闘争で多忙であったということである。

すなわち１９４０年４月18日に河合の出版法違反事件に関する東京地裁の公判準備手続きが始まり、４月23日から５月18日まで河合が法廷に立つこと10回であった。法廷に立つ前日の日記に、河合は決意の程を「明日は愈々公判廷に立つのだ。…１年以上期待された日が愈々来た。平静に然し真剣に、威張らずに然し学問の威厳の為に全力を傾けよう(2)」と書いている。

事実、公判廷における河合の戦いは堂々たるもので、塩尻は「自己の思想信念にたいする（河合）教授の忠実さと権力に屈せぬ剛毅な男性的な性格とを示すところの、幾年かにわたる戦いの中でも、白眉をなすものの一つであった(3)」と評している。

公判は７月25日に結審し、10月７日には無罪の判決が下されることになる。しかし、翌８日には検事控訴があり、控訴院における裁判が継続することになる。

控訴院では１９４１年３月18日に公判が始まり15回の審理が行われ、７月３日には河合が最終陳述を行った。この陳述について、河合自身は「今までのどの陳述よりも自分としては会心であった。之で自分の裁判に対する努力はベストを尽くしたという満足があった(4)」と述懐している。

控訴院では、10月23日に有罪判決（罰金３００円）が下された。この時の気持ちを河合は、「１９４１年の回顧」で、「今年の大きな事件はやはり控訴院の公判であった。…罰金３００円になった時には…ぐったり疲れてしまった。翌日直ぐに上告して大審院に移り明年まで持ち越したが、之が為に費やすこと殆ど三カ月、何となく馬鹿らしい浪費と云う感があった(5)」とまとめている。

同日、河合は直ちに大審院へ上告するが、1943年6月、大審院は上告棄却（有罪確定）とした。

一審で無罪を勝ち得た時、河合は「功利的に云えば検事控訴があり、控訴院で有罪となり、終審で無罪となるのが最上であろう(6)」と願っていたが、願いは叶えられず、敗北という結果になった。

〈法廷闘争中も猛烈に研究活動〉

2つは、河合は生涯にわたって驚異的な執筆活動を展開し続けたが、この裁判闘争中も、猛烈な執筆活動を継続していたということである。

例えば河合編集の学生叢書は、『学生と教養』（1936年12月）から『学生と哲学』（1941年10月）まで全12巻を刊行し終え、河合自身は各巻に「序文」と論稿とを執筆した（これらの「序文」と論稿とをまとめたものが全集第18巻の『学窓記』である）。また、河合自身の単行本として『学生に与う』（日本評論社、1940年6月刊）、『明治思想史の一断面』（日本評論社、1941年4月刊）、『国民に愬《うった》う』（1941年4月、出版差止）を書き上げている。

また、『教養文献解説』に着手し完成させている(7)。

研究会活動としては、１９４０年に教え子とともに作った青日会を１９４２年４月より月２回開催の研究会に発展させた。参加者は高田正、梶村敏樹、長尾春雄、塩尻公明、三森良二郎、木村健康、土屋清、関嘉彦、石上良平、外山茂、二宮敏夫、斎藤遅、水野勲、音田正巳等であった。

〈精力的に旅行する〉

３つは、河合は前回の手紙から今回の手紙の間（１９３９年12月６日から１９４１年７月末日まで）にも、精力的に旅行に出ているということである。

以下では、箱根へ行ったこと以外の旅行のみを列挙する。

河合の日記によれば、河合は１９４０年５月18日に東京地裁にいて陳述を終えると、６月１日から関西方面への旅行に出ている。６月１日に奈良に着き、２日から14日まで奈良県内の方々の寺院を廻っている。15日からは17日にかけて京都と琵琶湖を廻り、蒲郡を経て18日に帰京している。

10月７日に東京地裁の裁判で無罪を勝ち得た後の10月24日からは、また奈良、それから河内、岡山、大津、京都、大阪を経由して12月９日頃に帰京している。

〈糖尿病と胃腸疾患と入院〉

4つは、頑強で健康であった河合も、1941年に入ると健康を害して病床に就いたり、入院するようになったということである。

5月8日には病床に就き、医者に診てもらっている。糖尿病と胃腸の疾患という診たてであったが、河合自身は日記で「非常にグッタリして、之ほど弱ったことはいままでになかった[8]」と弱音を吐いている。これ以後、河合の日記に、下痢をする、胸がつまる、モドしそう、工合がよくない、などという記述が散見されるようになる。そして、遂に5月21日に慶応病院に入院ということになる（6月22日に退院）。

以上、河合から塩尻への手紙に約1年数カ月間の間隔があった背景について見てきた。河合が多事を極めていたということであった。

さて、次に塩尻の引用文の内容に則して解説して行くことにしよう。

〈河合から『自由論』の共訳の誘い〉

1つは、河合からミルの『自由論』の共訳の誘いがあったということである。

塩尻の説明によれば、1940年に河合が岩波書店からミルの『自由論』の翻訳の依頼を受けたが、河合は他に取り組んでいた仕事があって、この翻訳に費やす時間が見出せないので、塩尻に対して共訳者にならないかという誘いがあったということである。

塩尻が１９４０年に河合が岩波書店からミルの『自由論』の翻訳の依頼を受けた旨書いているが、河合が岩波書店から翻訳の依頼を受けたのは約2年前の１９３８年の秋頃であった。このことは、河合に翻訳を依頼に行った岩波書店の吉野源三郎が「私が東京大学の研究室に河合先生をお尋ねしてミルの『自由論』の翻訳をお願いしたのは、１９３８年の晩秋であったと思う。先生は快く引き受けて下さった(9)」と書いているからである。

しかし、その時も河合が多忙であったが、その後ますます多忙を極めるようになっていった。その頃、河合が取り組んでいた仕事は、先述してきたように学部内におけるゴタゴタと河合自身の休職処分と出版法第17条違反に伴う法廷闘争への対応、河合自身が編集者である学生叢書の編集と論稿の執筆、そして『学生に与う』（１９４０年3月16日に擱筆）の執筆などであった。

〈『学生に与う』の執筆と出版〉

この経緯から読み取れることは、河合は予て『自由論』の翻訳を承諾していたのであるが、当時、同書を翻訳するに堪えないほど胸のうちに燃えるものがあって、緊急に『学生に与う』の執筆に取り組んだということである(10)。

河合は１９４０年6月に『学生に与う』の出版を見届けるや、(9)の手紙の少し前になる１９４

0年7月に、塩尻に手紙を書いて、〝ミルの『自由論』の下訳をして、私と共訳者ということで出版するつもりはないですか〟と呼びかけたのであった[11]。

河合にとって塩尻の翻訳力はミル著『ベンサムとコールリッヂ』（1939年10月出版）で十分に信頼できるものであったし、同書の「序文」における塩尻のミルに関する解説は日本におけるミル研究の最高水準に位するものであると評価できるものであった。それゆえに河合は、塩尻こそ信頼に足る共訳者であると矢を射たのであった。

〈塩尻、『自由論』の共訳者を受諾〉

一方、河合から『自由論』の共訳者に誘われた塩尻は、先の引用にあるように躊躇し、悩みに悩む。なぜならば、その当時、塩尻はミルの研究業績の中でも最も価値あるものと彼自身が評価していた『論理学体系』を翻訳中であったからである[12]。

塩尻は熟慮に熟慮を重ねるが、河合先生と一緒に仕事をする機会が再びあるかどうかわからないということも考えて、河合の誘いを引き受ける決心をして、河合に承諾の手紙を書いた。

その塩尻の手紙に対して河合が出したのが、ここで考察する(9)の手紙である。

さて以下では、これまで記述してきたことを踏まえながら、河合の手紙(9)の内容について、順次、解説をして行くことにする。

〈河合から塩尻へ翻訳時の留意点の指示〉

その1は、冒頭で、河合と塩尻との間での本の返却と送付とについて触れていることである。塩尻がレヤードの本を河合に返却したこと、一方、河合がミルの『自由論』の第一版（注・初版本という意味）と『明治文化全集』の「社会編」とを塩尻に小包で送ったことを書いている。

その際、河合が「申すまでもなく、何れも稀少なものなので、然るべく大切に御保管下さい」と書いているのは嫌味を感じないわけではないが、河合がいかに学者・研究者として書籍（図書・資料類）を大切に扱っていたかを示していて共感を禁じ得ない。

その2は、塩尻から『自由論』の共訳者になることとの承諾を得て感謝し喜んでいるということである。

その3は、翻訳を進めるに当たっての細かな方法を指示しているということである。

1つは、翻訳作業はゆっくりでよいということである。

これは、塩尻がこれまで継続している研究を続けながら翻訳作業を進めてもよいという配慮であったと思われる。

2つは、訳はできるだけ原文の意味に忠実に、また誤り（誤訳）のないように細心の注意を払うようにということである。

3つは、日本文としての表現や、ミルの風格に相応しい文体には、私（河合）の方で行うということである。

4つは、訳本の巻頭には、私（河合）が「解説」を書く予定であるということである。

5つは、訳文は一行置きに清書して欲しいということである。

これは、塩尻が下訳をした文章を河合が推敲する予定であるので、塩尻に対して、修正しやすい書き方を指示したものである。

〈先行訳書の参考〉

6つは、ミルの『自由論』と『功利主義』とについては、すでに柳田泉による訳があるので、この度、『自由論』の翻訳をするに当たっては、それらを参考にするようにということである。

ここで河合が柳田泉による訳と言っているのは、柳田泉訳『自由論―全訳』（春秋社、1935年）と同訳『ミル功利論』（春秋社、1937年）を指しているのであろう。[13] 塩尻に抜かりはなかったと思う。

その4は、河合の書斎から塩尻が借り出している『五大哲学者』の五大哲学者の名前と、同書の定価と発行所名（出版社名）とを教えて欲しいと言っているということである。

これは、河合が『教養文献解説』を執筆中であったので、その記述に必要であったので、塩尻に質問しているのである。

〈法廷闘争の進捗状況〉

その５は、河合自身の法廷闘争の進捗状況について説明しているということである。河合が「私の公判は７月３日になりました。大審院に行きまして、もう被告は法廷には出ないので、公判は之が最後です」と書いているのは、７月３日に控訴院での河合の最終陳述が終わったという意味である。また、「大審院に行きまして、もう被告は法廷には出ない云々」とは、控訴院での判決に対して上告することがあっても、大審院では書類だけで審査されるだけであったので、もう法廷に出ることがないという意味である。

控訴院での陳述が終わっての河合の感想は、この手紙では「結果がどうであろうとも、３人が総力を挙げて奮闘はしました。もう何の遺憾もありません」と書いているが、それは７月３日の河合の日記の感想（すべてが愉快であった。…試験の終わった時とか講演原稿の後とかの気持ちである。心楽しむとでも云おうか。結果はどうでも皆全力を傾けて戦った[14]）を反映したものであった。なお３人とは、言わずもがなであるが、海野弁護士、木村健康特別弁護人、それに自分（河合）のことである。

〈河合の研究計画〉

その6は、これからの研究計画について説明しているということである。

河合は、塩尻へのこの手紙で、裁判での戦いが一段落したので、『教養文献解説』を書きつつ、他方では、河合自身が自らの研究の集大成と考えてきた「理想主義体系」の完成への研究に着手しましたと宣言していることである。河合の研究計画では、「理想主義体系」は「1年に1巻、6年の予定」、つまり1年に1巻ずつを出して6年で完成（6年かけて全6巻で完成）する、というものであった。

河合の「理想主義体系」構想については後に触れる機会があるので、ここではこれ以上触れない。

注

1 前掲、塩尻公明「河合先生の手紙」、17頁。
2 全集第23巻、日記、145頁。
3 全集第18巻、塩尻公明の巻末解説、373頁。
4 河合榮治郎著・石上良平編『唯一筋の路』日本評論社、1948年12月、91頁。
5 全集第23巻、日記、171頁。同旨、前掲『唯一筋の路』、98〜99頁。
6 全集第23巻、日記、150頁。

7　木村健康の名前で日本評論社より１９４３年12月に出版。後に河合榮治郎・木村健康共編『教養文献解説』上・下、社会思想研究会出版部、１９４９年・１９５０年。

8　全集第23巻、日記、１５６頁。

9　吉野源三郎「あとがき」、Ｊ・Ｓ・ミル著・塩尻公明・木村健康訳『自由論』岩波文庫、１９７１年、２８３頁。

10　河合は、当時の心境を、『学生に与う』の「序」（１９４０年５月19日の執筆）で、次のように書いている。

１９４０年の2月から3月下旬までの約20日の間に「予《かね》てから依頼されていたミルの『自由論』の翻訳の為に割こうと思っていた。所が当時の私の心境は、外国書の翻訳をするに堪えなかった。何か漏したい感慨に満たされていたのである」（河合榮治郎『学生に与う（全）』教養文庫、社会思想研究会出版部、１９５５年、序３頁）。

11　残念ながら、この手紙の現物は手もとにないが、その手紙の内容については、前掲塩尻公明「河合先生の手紙」、17頁。

12　先に本稿の40〜41頁で、「この本（注・『ベンサムとコールリッヂ』）を出しました後もなお数カ年は、私はミルひとりに固着しておりました。ミルに関する読書や抜き書きなど、ミルにささげた労働時間は総計で約1万5、０００時間位になりますから、毎日4時間は必ずミルにかけるとして、約10年間という計算でございます」（前掲、塩尻公明「還暦を迎えての所感」、136頁）と語っていた言葉を引用したことがあるが、この時間の中にミルの『論理学体系』の翻訳投下時間も含まれていたはずである。

なぜなら、塩尻は1947年4月16日に脱稿した評論文「書斎の生活について」の中で、「自分は曾て没入の練習のために、また自分の意志を鍛える練習のために、満三年間をかけて、毎日一定の僅かの分量宛を翻訳して、原稿用紙にして約三千枚のミルの『論理学体系』を翻訳し了えた」（塩尻公明『書斎の生活について』新潮社、1948年6月、112頁）と書いているからである。

13　塩尻がミルの「On Liberty」の翻訳を開始した時、先行する訳書としては、①中村正直譯『自由之理』1874（明治4）年、②高橋正次郎譯『自由之権利』1895（明治28）年、③平井廣五郎譯『思想言論の自由』1914（大正3）年、④近江谷晋作譯『自由論』1925（大正14）年、⑤深沢由次郎訳『自由論』1929（昭和4）、⑥富田（義介）・小倉（兼秋）訳『ミル自由論―新訳』1933（昭和8）年、⑦柳田泉訳『自由論―全訳』1935（昭和10）年等が出版されていた。

塩尻は『自由論』（岩波文庫、1971年）の「訳者あとがき」で、「本書は1859年に公にされたJohn Stuart Mill: On Libertyの第一版の翻訳である」（273頁）と書き、翻訳に使用した原書が河合から提供されたものであることを示している。

さらに塩尻は、その後の方で、「ミルの『自由論』については既に幾種類もの訳本が存在している…。過去に出された訳本を一通り検討し、殊に最もすぐれたものと思われる深沢由次郎氏の訳、富田（義介）・

小倉（兼秋）両氏の訳、および柳田泉氏の訳の三者については一行一行くわしく検討し対照しつつこの訳文を作成した…」（２７３頁）と記している。

14　全集第23巻、１６０頁。

⑽　１９４２（昭和17）年６月30日の手紙

高知市城北町39
塩尻公明様

軽井沢１７５０
河合榮治郎

○拝啓　久しく御無沙汰致し、御原稿と私の本とも受取りましたのに、御返事も差上げず誠に失礼致しました。

ミルの「自由論」に就て先ず申上げますと、岩波書店の方から今日の情勢で私の名前が出て「自由論」の訳をだすことは当局が許すまいとの事で、私も失望しました。尤も今年の４月から私の著編のもの一切が紙の配給が止められ、一冊も増刷をしていませんので、私もそれは分らないのではありませんでしたが。そこで第二策として、君単独の名で訳を出すことを考えてみましたが、それもテーマがよくないとの事らしく、第三策として、もし情勢の変化を見越しますと、将来ミルの全集を出すことにして、その中に君のを入れることも考えてみました。それが適当のように思われますし、そして君の「論理学体系」の事も役立つ訳になりますから、その方針を採るより外ない事になりました。折角の御骨折りに拘わらず、かかる次第にて申訳ありませんが、ご了承下さいませんか。そして、貴稿は私の手元で御預かりしましょうか、それとも一度御返し致しましょうか。刊行の時に、私が協力致すことは勿論ですが。尤も「論理学《(ママ)》」の方は此の方法で出せるにしても相当時間のあることですから、今取急がなくとも結構ですが、右御含み下さい。

　教養文庫の方も結構です。私の方で評論社から伝記叢書の刊行を計画していまして、今暮、木村君の「フィヒテ」が第一に出ますが、君が「ミル」を担当して呉れませんか。分量は二百字詰で７５０枚位で、Ｂ６版３００頁の予定です。西哲叢書と主人公を異にし、今少し一般的にしたいと思っています。期限は来年の秋位で宜しいです。

　10月から内地留学の由、是非我々の研究会にも御出席御参加ありたいと思います。

　私は3月末から酷い感冒で今以て完全には回復せず、保養に務めています。著編の方は前記の如く何も出せないで収入皆無となりましたが、之を機会にゆっくり勉強したいと喜んでいます。才判《さいばん》（ママ）の方はまだ大審院で判決がありません。７月の中旬か下旬になりましょう。

君の所にグリーンの「コールリッヂの精神哲学」二巻が行っていませんか。

色々の事を書きましたが、「自由論」のことで誠に申訳なく切に御寛容下さい。

6月30日　　河合榮治郎

塩尻学兄

（解説）

この手紙は、長文であるのみならず、その内容が複雑であるので、筆者による解説も自然と長くなることをお断りしておかなければならない。ここでも手紙の内容に則して、順次、解説していくことが分かり易いであろう。

〈多忙な日々の報告〉

その１は、冒頭の「久しく御無沙汰致し、御原稿と私の本とも受取りましたのに、御返事も差上げず誠に失礼致しました」から、多くの事柄が予測されるということである。この文章の内容を2つに分けて説明していくことにしよう。

1つは、「久しく御無沙汰致し」と書いているように、この手紙は前の(9)の手紙から11カ月間も経過して出したものであるということについてである。

ご無沙汰の理由の1は、河合の多忙さであったと考えられる。すなわち、(9)の手紙を出した後、10月に控訴審の判決（有罪）が出て、直ちに大審院へ上告したこと、「理想主義体系」の完成に向けて勉強を開始したこと、『教養文献解説』の執筆、1942年4月より「青日会」を発展させて「研究会」を出発させたこと、6月より近江・北陸・飛騨旅行の実行等々に見られるように、大層過密な日々の連続であったということである。

理由の2は、学生叢書の絶版、河合の名前での発表・出版への圧力に対する対応で、貴重な時間とエネルギーとを費やしていたことが考えられる。

2つは、この間に（つまりこの「11カ月」の間に）、「御原稿と私の本とも受取りました」と書いていることについてである。

〈塩尻、『自由論』の和訳原稿を送る〉

ここで河合が受け取った「御原稿」とは、塩尻によるミルの『自由論』の和訳原稿である。また、河合が受け取った「私の本」とは、(9)の手紙で書いていた2冊の本（河合が塩尻に貸していた「自由論」の第一版と「明治文化全集」の社会論）であろう。

それでは、塩尻がミルの『自由論』の和訳原稿を河合に送ったのは、この「11カ月」の間のいつ頃であったのであろうか。

ヒントになるのは、塩尻が『自由論』の「訳者あとがき」（1950・3・31、夜）で「この訳は太平洋戦争の始まる数カ月前から着手してシンガポール陥落（注・1942年2月15日）の頃に出来上がっていたものである(1)」と書いていることである。この記述によれば、塩尻は前の(9)の手紙（1941年7月末日）を受け取った直後から『自由論』の翻訳を開始して、1942年2月15日頃に終えていた、と判断できる。

今一つヒントになるのは、塩尻が「河合先生の手紙」で、「昭和16年7月の手紙から1年近くたったころに『自由論』の私の翻訳はすでに出来上がっていた(2)」と書いていることである。これによれば、遅く見積もっても1942年7月頃までに『自由論』の翻訳が出来上がっていたという計算になる。

ヒントになるはずの塩尻の2つの記述であったが、そこには翻訳の出来上がった時期に若干のズレがある。そこで次に、上の2つの資料を基に、塩尻が翻訳をいつ頃仕上げ、いつ頃河合に郵送したかを推論していくことにする。

1つは、河合の日記によれば、河合は1942年6月23日に岩波書店を訪問して、同社の森氏に会ってミルの『自由論』の出版について相談しているということである。

2つは、今考察中の河合の手紙の日付が1942年6月30日であるということである。

つまり、塩尻から『自由論』の翻訳原稿を受け取った河合は、原稿を読み終えて、余り日を置かずに岩波書店を訪問して出版の相談をしたのではないかということである。この相談の内容については、河合が冒頭に示した6月30日付の手紙に書いている通りである（この内容の詳細については、すぐ後に説明する）。そして、当日の相談の結果は、「ミルの『自由論』の文庫（の出版）が駄目だと聞く[3]」であった。

以上の経緯から推論するに、塩尻は6月23日の数日前に河合に翻訳原稿を郵送したこと、したがって塩尻は、少なくともその郵送の前に翻訳作業を終えていたということである（先の2つのヒントから言えば、後者のヒントの「河合先生の手紙」の期日に近いということである）。

〈『自由論』の出版不可能になる〉

その2は、ミルの『自由論』を岩波書店から出版することが不可能になったということである。

河合は、1942年6月23日に岩波書店との交渉を経て、6月30日に交渉の内容と結果とを手紙に認めたのであった。この手紙の内容が当然のことながら暗く重くなっているが、それは河合が出版不可能を如何にして塩尻に伝えるか、詫びるかを1週間近くも苦悩したからであろう。

しかし河合は、手紙の初めの方で、「岩波書店の方から今日の情勢で私の名前が出て『自由論』の訳をだすことは当局が許すまい」と紹介し、結果として『自由論』の出版が不可能になったと伝えている。

ただし河合は、「今年の4月から私の著編のもの一切が紙の配給が止められ、一冊も増刷をしていませんので、私もそれは分らないのではありませんでしたが」と、岩波書店の決定には失望しつつも、同時に同情もしている。それは、河合が諸悪の根源が国家権力による国民の〝学問と思想と出版の自由〟の統制と弾圧とに起因していることを理解していたからである。とりわけ河合が自らが置かれている状況を十分に理解していたからでもあった。

そこで河合は、第二策として、塩尻単独の名前で『自由論』を出版することを岩波書店に提案したようである。しかし、その提案も『自由論』という書名がよくないという理由で出版不可となる。岩波書店としては、河合の名前においても、『自由論』という書名においても、出版を控えたいという判断をしていた。岩波書店も、翻訳依頼をしておきながら、それを反故にしなければならなくなった哀れな被害者（出版社）でもあったのである。

〈河合、『J・S・ミル全集』を企画〉

その3は、岩波書店からの『自由論』の出版が不可能であることを確認した河合が、これから取るべき対応策、いわば次善の策を提案しているということである。

その策とは、近い将来、情勢が変化することになれば、『J・S・ミル全集』を編集し、その中に塩尻訳のミルの『自由論』と『論理学体系』とを収録することを考えているというものである。

ここで河合が初めて塩尻訳のミルの『論理学体系』について触れているが、これは塩尻がミルの『自由論』の翻訳を引き受ける手紙を河合に書いた時か、ミルの『自由論』の翻訳原稿を河合に送った際に、塩尻がミルの『論理学体系』を翻訳中であり、いつか出版したい旨について相談していたからであろう。

ただし河合は、『論理学体系』の出版については『自由論』を出版した後のことであると考えていたようで、出版までは「相当時間」があり、「今取急がなくとも結構です」と書いたと思われる。

結果を言えば、河合の早世もあって、『J・S・ミル全集』も塩尻の『自由論』も『論理学体系』も刊行する機会がなかった。塩尻訳の『自由論』の出版までには、まだ長い苦難の道を乗り越えなければならなかった。(4) また、塩尻訳の『論理学体系』は遂に出版されることはなかった。(5)

〈河合、『自由論』の出版不可を詫びる〉

その４は、出版ができなくなったことをお詫びし、ご了承を願っているということである。河合が「折角の御骨折りに拘わらず、かかる次第にて申訳ありませんが、ご了承下さいませんか」と塩尻の「御骨折り」を慰労し、自らの事情と出版社との都合で『自由論』の出版ができなくなったことを詫び、塩尻の「了承」を乞うているのは、気の毒な気がする。まして手紙の末で、河合が再度、「『自由論』のことで誠に申訳なく切に御寛容下さい」と謝罪している姿は痛々しい程である。しかし、この態度こそ、研究と研究成果を大切にしている研究者の態度であるといえる。それほど河合は、塩尻の努力に応えられなかった自分を責めていたのであった。

これに対して塩尻は、「時勢はいよいよきびしく出版は不可能であった。先生の罪でも過失でもなく、止むをえないことであったが、先生は、私の努力をムダにしたことをひどく気の毒とおもわれるほど、いろいろと気をつかわれた(6)」と河合の心を理解していた。正しく〝良き師ありて、良き弟子あり〟であった。

〈自由論』の翻訳原稿は塩尻に戻る〉

その５は、塩尻が河合に送ったミルの『自由論』の翻訳原稿の保管と取り扱いについて相談しているということである。

ミルの『自由論』の出版が不可能になったので、河合は「貴稿は私の手元で御預かりしましょうか、それとも一度御返し致しましょうか。刊行の時に、私が協力致すことは勿論ですが」と書いて、塩尻の意向を聞いている。

塩尻がどういう返事を書いたかは未確認であるが、おそらく〝一旦返していただくように〟と書いたのではなかろうか。というのは、河合存命中には刊行の機会がなかったこと、しかし、戦後になって塩尻が岩波書店に改めて翻訳の交渉をすることになったことなどから、翻訳原稿は塩尻の手元に戻ったと推測するのが理に適っていると考えるからである。

〈伝記叢書の『ミル』企画〉

その6は、弘文堂教養文庫で伝記叢書の刊行を計画しているので、塩尻にその叢書の1冊として『ミル』の執筆を担当して欲しい旨を依頼しているということである。

この計画は具体的であった。まず1942年の暮れに、第1冊目として木村健康著の『フィヒテ』が出る予定であるという。この叢書の執筆要綱は、「二百字詰で750枚位で、B6版300頁の予定」であること、内容的には「西哲叢書と主人公を異にし、今少し一般的にしたい」こと、原稿の締め切り期限は1943年の秋位で宜しいこと、であった。

この弘文堂教養文庫の伝記叢書も、結果的には河合の死去で実現しなかった。ただし、戦後になって弘文堂からアテネ文庫が刊行され、塩尻は１９５０年に『イギリスの功利主義』[7]を著わしている。同書は全79頁の小書であるが、他の文庫もほぼ同じ位の頁数であるので、河合が計画していた弘文堂教養文庫の伝記叢書とは異なるようである。

〈内地留学中に研究会へご参加を〉

その７は、「10月から内地留学の由、是非我々の研究会にも御出席御参加ありたいと思います」と、研究会への出席を期待しているということである。

塩尻は１９４２年の10月から３カ月間、東京大学（法学部の矢部貞治教授の研究室）へ内地留学をするが、そのことを河合に手紙で知らせたのであろう。河合は自宅で月２回の割合で研究会を開いていたので、塩尻が東京で滞在中は、その研究会に出席されるように誘っているのである。

この件について塩尻が「河合先生の手紙」の中で、「私への手紙に、私が10月からの内地留学で東京へ出てくるときには、われわれの研究会にも参加してくれるように、とあるが、私はその通りにした[8]」と書いている。そして研究会に参加した時の感想を「研究室での先生の議論ぶりには、全く目がさめるようであった[9]」とも綴っている。

〈塩尻が感動した研究会〉

この上京中に研究会に参加した際の感動を書いた一文を以下に紹介しよう。

こんどの戦争中にいろいろとセンセーショナルなニュースをもきき、悲喜交々の激動をも経験したが、少なくとも思想し学問しようとする人間の一人である私にとっては、最も快適な、また最もエレヴェーティングな、また今にいたるまで最も強く生き残っている感激は、戦争のまっただ中において、先生を中心に行われていた研究会の席上で、忌憚なき先生の言論をきいて目のさめる思いを味わったという事実である。…たしかにこの世の中には、時流に拘らず自己の思想を確守する人が少なくとも一人はあるということを、私は心から信ずることができた。(10)

戦争のまっただ中において多くの学者や文化人が時流に流されて変節していく中にあって、河合のみは少しもその思想が変わらなかった。最後まで自由主義的社会思想を展開して少しも憚《はばか》ることはなかった。それが塩尻の見た、研究会における河合の姿であった。

〈河合の病状は進行する〉

その8は、河合自身が健康体でないことを告白しているということである。

河合の日記によれば、河合の病気は１９４７年頃から着実に進行して行ったことが読み取れる。病院通いの回数が多くなり、胃腸病、糖尿病に加えて、７月８日には武見太郎医師から「バセドウ病なり(11)」という診断が下されている。河合の日記にも、疲れたという趣旨の記述も散見されるようになった。しかし河合の日記を見る限り、河合がその後、健康に注意して食生活を改善したとか、禁煙をしたとか、規則正しい生活をするようになったとか、と見ることのできる痕跡がない。依然として、これまでの生活ペースを厳守する、という姿勢に大きな変化はなかった。

この手紙で河合は「私は3月末から酷い感冒で今以て完全には回復せず、保養に務めています」と書いているが、酷い感冒が３カ月以上も続いているということ自体、不健康な状態にあるということの証明でもあった。

〈塩尻が見た痩せた河合〉

実際、１９４２年の10月に上京した塩尻が、久しぶりに会った河合の様子は、昔の元気な河合とは異なっていた。塩尻は、その時の河合の印象を次のように記録している。

しばらくぶりに見る先生の、ひどく痩せられたのにびっくりした。しかし、「やせた」とか「憔悴した」とかまわりの人々にいわれるのを嫌がられることを、かねてきいていたので、私はだまっていた。ところが逆に先生の方から、「ひどくやせたでしょう」といわれた[12]。

健康な時には19貫（71・25kg）以上もあった河合であるが、この頃になると12貫800匁（48kg）となり、その痩せ方は誰の眼にも明らかであったようである。塩尻も河合がひどく痩せているのを知ってびっくりし、黙らざるをえなかったほどであった。

この手紙の主要な内容は、以上で尽きると言ってよいであろう。

河合が手紙の終わりの箇所で次のように書いているが、案外、河合の俗世間的な関心事と彼の性格とが表れているのではないかと思う。

すなわち、①著編の方は前記の如く何も出せないで収入皆無となりました、②之を機会にゆっくり勉強したいと喜んでいます、③才判《さいばん》（ママ）の方はまだ大審院で判決がありません。7月の中旬か下旬になりましょう、④君の所にグリーンの「コールリッヂの精神哲学」二巻が行っていませんか、である。

これらについては、解説は不要であろう。

注

1　J・S・ミル著・塩尻公明・木村健康訳『自由論』岩波文庫、1971年、274頁。

2　前掲、塩尻公明「河合先生の手紙」、18頁。
3　全集第23巻、日記、１８８頁。
4　ミルの『自由論』は、河合が１９４４年2月に死去したことや出版統制で、戦前に出版されることはなかった。その後、塩尻の翻訳原稿の行方について記しておこう。

塩尻が河合に送った翻訳原稿は、出版不可能となった時点で、河合から塩尻の手許に返却された。訳稿はそのまま塩尻の手元で無事に敗戦を迎える。戦後の１９４８年に、塩尻は、かつて一高の同級生であった編集者の岩波書店の吉野源三郎にミルの『自由論』の出版を依頼する手紙を書く。その結果、同訳書は岩波書店から１９５０年に文庫本の一冊として出版されることが決定される。それに合わせて塩尻が書いたのが、同書の「訳者あとがき」（１９５０・3・31・夜）である。

「この訳文は太平洋戦争の始まる数か月前から着手してシンガポール陥落（注・１９４２年2月15日）の頃に出来上がっていたものである。戦火の…中に、不思議にも焼け残されたものはミルに関する二つの訳稿―ミルの全著作の中で最も永久的な価値をもつものとして、ミル自身も他の多くの人々も一致して認めていた二つの書物、『自由論』と『論理学体系』との訳稿―であった。いまその一つが公にされる運びに至ったことは自分にとっては小さからぬ喜びである」（塩尻公明・木村健康訳『自由論』、岩波文庫、１９７１年、２７４頁）。

しかし、出版は中断された。そして、この訳稿が出版されるまでには、さらに20年ほどの年月を必要とした。その事情については、同訳書の吉野による「あとがき」が説明しているところである。長いが引用する。

「1948年と記憶するが、私は塩尻公明君から同君の訳した『自由論』を岩波書店から出版したいという申し込みを受けた。塩尻君は第一高等学校において私と同級であり、共に河合先生の講義を受けた仲であった。その後私とは直接の交友関係はなかったが、同君の人となりや消息は私にも伝わっていたし、ほのかな好感と尊敬とは学生時代からつづいていた。私は塩尻君が河合先生を尊敬し、先生の影響を受けた一高生の一人であったことを思い出し、また、同君の翻訳が河合先生との話しあいから着手されたことを聞いてうれしかった。まもなく、編集会議を経て、岩波書店として正式にその出版をお引受けすることになった。河合先生の遺志を果たす見込みがたったのである。

ところが…漸く1950年になって着手する段になって、意外な故障が生じた。塩尻君の訳稿が終戦前に書かれたものであり、用字・送りガナ等が旧体であったため、戦後の改革にそって全く改めねばならなくなった上に、塩尻君の字体が、また、右の処理を機械的に行うにしては、余りにも整った古風の文体であった。したがって、これを調整することは簡単にはゆかない、ということが発見されたのである。編集部と塩尻君との間に何回か連絡や交渉が行われ、双方の意見が容易にまとまらなかったが、最後に塩尻君は、この問題をすべて私に一任すると申し出られた。

私は、その任に堪えるかどうか、不安ではあったが、塩尻君の並みならぬ信頼に接して、これを引き受けることに決めた。そして、自分の仕事のかたわら、暇を見てはこの塩尻君からの依頼を果たすことに努めたが、原書と対比しながら、塩尻君の苦心の訳稿を、その見事な特色を生かしつつ修正してゆくことは、新たに翻訳するよりも時間を要する仕事であった。仕事は遅々として進まず、私は常に、塩尻君に対して弁解のことばに苦しむ思いを重ねていた。…そして歳月だけが飛ぶように過ぎていった。…そのようにして、漸く全体の4分の1が出来上がった…とき、突然、塩尻君が講義中に仆れ急逝されたことを聞いた。１９６9年のことである。私は、『悔いを千載に残す』とはこのことかと思った。…塩尻君は、私に託すといった以上、最後まで督促じみたことは一言も漏らされなかったのである。

私の訳文整理は１９７０年の夏に、やっと完了した。塩尻君との生前の約束では、ここで塩尻君の校閲に供え、その同意を得て活字にすることになっていたのであるが、もはや、それは不可能であった。私はいろいろと考えた末、塩尻君の最も親しかった友人の一人であり、しかも河合先生の門下として先生が最も信頼を置いておられたと聞く木村健康氏のご援助を仰ぐことにした。できうることならば亡き塩尻君に代って、私の整理した訳稿を校閲され、その同意を得て出版させて頂きたい、というのが私の願い出であった。

木村氏はこれをお引き受け下さったのみならず、さらに、訳文を逐次原書と対照され、今日これ以上は望みがたい精緻厳密さをもって、必要と判断される修正を加えて下さった。…

このようにして、河合先生とミルの『自由論』の翻訳を計画してから33年目で本書が世に出ることになった。…ここであらためて塩尻君に心からお詫び申し上げたい。」（同前、285〜288頁）。

　難産ではあったが、計画してから約33年を経て、ミルの『自由論』は公刊されたのであった。同書が版を重ねているのは、周知の通りである。

5　『論理学体系』の翻訳については、塩尻が「自分は…満三年間をかけて、毎日一定の僅かの分量宛を翻訳して、原稿用紙にして約三千枚のミルの『論理学体系』を翻訳し了えた…」（塩尻公明『書斎の生活について』新潮社、1948年6月、112頁）と書いていた。

　河合の計画では、『J・S・ミル全集』を出す時に、同訳書も収録する予定であった。しかし河合の死去で、その機会はなかった。ただし同書は、先に翻訳出版された（大関将一訳『論理學體系』春秋社、1949年）こともあって、塩尻自身、その訳稿の出版を断念したようである。

6　前掲「河合先生の手紙」、18頁。

7　塩尻公明『イギリスの功利主義』弘文堂・アテネ文庫、1950年。

8　前掲「河合先生の手紙」、18頁。

9　同前、19頁。

塩尻公明・木村健康訳「自由論」

塩尻が東京大学へ内地留学して河合主宰の研究会に参加した時に受けた感想を伝える資料がある。徴兵直後に陸軍病院で療養中の教え子木村久夫に出した葉書である。

「其後は御無沙汰しました。小生は10月初より上京、11月の初め10日間は文化祭のため高知に帰り、土佐の快晴の秋空を満喫して再び上京しました。色々の学者に会い、書斎を見せて貰い、又研究会などで若い学者達の目もさめるような論戦を聞き、学問上に刺激を受けるところあると共に、人間修行としても色々のものを得ました。社会科学方法論に関するものを読むつもりで上京しましたが、最初想像していたのとちがって色々のものを読まねばならぬ事を知り、又方法論といっても単に形式的な問題ではなく世界観というような実に内容的なものと不可分の関係ある広汎な問題であることを知りました。今迄僅かにメンガー、ウェーバー、カント等にふれたに過ぎませんが、寧ろ人との交渉に依ってえた刺激を今後生かしたく思っています。君は軍隊でなくては得られぬ色々の心身の勉強に精出して下さい」（１９４２年11月19日消印の葉書）。

「お葉書拝見しました。…再度上京してからは、色々の人との面会や研究会や、座談会など隔日位に行っていて落ちついて本もよめませんが、その代わり高知にいては得られぬ経験もえました。各自が沢山の本を書いている人が10人以上も集まって行う自由なる討論というものは実に利するところがあります。色々な人と知合いになったことも今後の勉強にためになる事と思います。要するに一面には「田舎の学問、京のひるね」を痛感して謙遜になると共に、他面には、自分にはやはり自分のなすべき事があり、単なる卑下だけではいけない、という事を愈々ハッキリしました。内地留学の経験についてはいづれ語る折があるでしょう。君に対しては相変らず、君の場合にのみ学び知り感じ得ることを怠らずに、という他はありません」（1942年12月1日消印の葉書）。

塩尻は自分の学習し得たこととして、一面では「田舎の学問、京のひるね」を痛感して謙遜になると共に、他面では、自分にはやはり自分のなすべきことがあり、単に卑下しているだけではいけないということを再認識したと書いているが、この認識は、学問研究に従事している人々に対する共通の教訓であると考えてよいであろう。

同時に、塩尻は久夫に、軍隊にあっても闘病中であっても「学び知り感じ得ることを怠らずに」あれ、と伝えているのである。学ぶことは何時何処でも可能であることを忘れずに、と伝えようとしたのであろう。

10 同前、19頁。これは、前掲、塩尻公明「河合先生の思い出」の244頁の記述とほぼ同文である。

11 全集第23巻、日記、189頁。

12 前掲、塩尻公明「河合先生の手紙」、18～19頁。

⑾　１９４３（昭和18）年2月19日の手紙（速達）

高知市城北町39
塩尻公明様

東京都品川区大井庚塚町4948
河合榮治郎

◯2月19日

拝啓　御手紙とジェームスの訳本御送り下され有難う御座いました。過日は短い期間ながら研究会の人々は貴兄の御出席を大変喜んでいまして、今時に珍しい方として、殊に芳蘭亭での御話に感激した人もありました。

研究会は着々進行して、前回は最近の国体観に入りまして、中々討論が盛でした。

別紙の書物貴地で御探し下さいませんか。地方には却《かえっ》てあるようですから。そして別紙は送り返して下さい。御出立前の御忙しい折相済みませんが。

河合榮治郎

塩尻学兄

〈解説〉

短い手紙であるが、この手紙の背景には多くの事柄が潜んでいて、それらを一つ一つ解き解していこうとするならば、かなりの解説を必要とすると考える。以下では、手紙の内容に従って順次解説しておこう。

〈西田哲学の研究とジェームスの訳本〉

その1は、塩尻が河合に送った「手紙」と「ジェームスの訳本」とについてお礼を言っているということである。

初めの、塩尻が河合に送った「手紙」がどういう内容であったのかについては、今のところ分からない。

次に、「ジェームスの訳本」の「ジェームス」とは、アメリカの哲学者・心理学者ウィリアム・ジェームズ（William James、1842・1・11—1910・8・26）のことであろうか。

もし、そうだとすれば、彼の訳本とは何であろうか。

河合が西田幾多郎の著作を読み、西田哲学の研究に関心を抱きつつあったことを考えると、西田の「純粋経験論」に示唆を与えたと言われているジェームズの著書“*The Varieties of Religious Experience: A Study in Human Nature*”（1902）、を翻訳した『宗教的経験の諸相』（佐藤繁彦、佐久間鼎共訳、星文館、1914年）か、同『宗教経験の諸相 人間性の研究』（比屋根安定訳、警醒社、1922年）であろうか。

〈塩尻の研究会への参加〉

その2は、塩尻が研究会に出席したことについて、研究会の人々が好感の反応を持ったことを伝えているということである。

塩尻は1942年の10月から3カ月間、内地留学で東京大学で研究する機会を得ていたが、この間に河合と数回会い、また河合の研究会にも出席している。

塩尻が河合宅を訪問したことを示す記述が、河合の日記にある（ともに日曜日である）。

・1942・12・6：二時に塩尻（公明）君を迎え三、四の質問に答え（た）[1]。

・1942・12・20：二時半塩尻君来たり僕に対する近頃の感想、先日の報告に対する感想を聞き、共に出でて芳蘭亭に行き九時まで盛んに話す。和らいだ楽しい会であった。席上塩尻君の話、土屋君のソロモンの話などもあり、井上君の孤独の状が注意を惹いた[2]。

この日記にある12月6日の「塩尻君を迎え三、四の質問に答えた」という内容については、その前日の河合宅で開催された研究会（河合が報告）から出発すると、うまく説明することができる。すなわち、河合は12月5日の日記で、「7時から（研究会で）報告し、10時一寸前まで話した。先ず先ずよかった。之で肩が楽になった[3]」と書いている。そして12月6日の日記では、まず「午後、昨夜の報告の事を考えた」と記し、その後に、「2時に塩尻（公明）君を迎え三、四の質問に答え（た）」と書き、さらに「次いで3時に帝大生3名（略）に会い、之にも答えて…8時半から10時迄『社会運動』からの収穫、…の記録をしてから明日の支度をする[4]」と続けている。

この2日間の河合の日記から読み取れることは、次のことである。

1つは、前夜（5日）の研究会で河合の報告があったあと、その報告について参加者の間で議論が巻き起こり、その議論は午後10時前まで続いた。

2つは、午後10時一寸前まで質疑応答が続いたが、幾つかの質問が残ったので、この続きは日を改めて翌日（6日）の午後2時からにしようということになった。

3つは、6日の午後には、河合が「昨夜の報告」について交わした議論や提出された質問について考えたということである。昨夜提出された質問や、今日、予想される質問に対する回答を考えたということである。

4つは、午後2時に来た塩尻には三、四問の質問に答えたということである。

5つは、3時からは、昨夜の研究会に参加していた帝大生3名（略）に会い、彼らの質問にも答えたということである。

6つは、8時半から10時迄「社会運動」を報告してから得た収穫を記録したということである。

7つは、「社会運動」を報告したということから、研究会で河合が報告したテーマは「第一次大戦の社会運動[5]」であったということである。

次に、12月20日の記述の中で、傍点を付した二カ所について説明しよう。

〈塩尻、『学生に与う』を批評〉

まず前者の「僕に対する近頃の感想」とは、河合の『学生に与う[6]』に対して塩尻が述べた次の感想であると思われる。この時のことを書いたと思われるのが、以下の塩尻の文章である。

何と言ってこれ迄の著書の反復が多く上すべりと希薄な感じとを免れないと自分には思われた。自分はその感じを率直に述べ、暫くものを書かないで御勉強なさったらよいのではないか、と云った。先生は少しも怒らずに心からうなずいていられ、又恐らくご自分でも本格的な勉強への志が熟していられた処なのであったろう、「これから本当に勉強するよ」と心から云っていられた[7]。

いつも強気な河合が「これから本当に勉強するよ」と自戒していた記述が、それ以前の日記（例えば、1939年4月15日、及び同年6月29日の河合の日記）に見られたことについては(6)の手紙の「その3」（本稿89〜90頁）で紹介したところである。

次に後者の「先日の報告云々」とは、先述した1942年12月5日の研究会における河合の報告「第一次大戦の社会運動」についての感想を聞いたということであろう。この報告に対する塩尻からの質問については、すでに12月5日と6日とに受け、河合がその時々に回答していたところであるが、この日（12月20日）にも、改めて感想を聞いたということであろう。

〈芳蘭亭での楽しい懇談〉

さて、1942年12月20日の河合の日記の後半の記述、「共に出でて芳蘭亭に行き九時まで盛んに話す。和らいだ楽しい会であった。席上塩尻君の話、土屋君のソロモンの話などもあり、井上君の孤独の状が注意を惹いた」についても説明しておこう。

当日、午後2時半に塩尻の訪問を受けて、塩尻から「僕に対する近頃の感想」と「先日の報告に対する感想」を聞いた河合は、その後、塩尻と一緒に芳蘭亭（中華料理店）に行ったのであろう。おそらく、そのレストランで研究会のメンバーたちが集まって夕食会（多分、忘年会）を開いたと考えられる。夕食会は盛会のうちに午後9時まで続いたということであったが、席上、何といっても在京中で研究会に参加することになった塩尻の話が新鮮で注視されたと思われる。土屋（清）のソロモン諸島の戦況報告、井上（政次）らの近況報告などもあって、全体として「和らいだ楽しい会」であったということであった。

〈研究会は月2回のペースに〉

その3は、研究会の進捗状況を報告しているということである。

研究会は月に2回のペースで開催されていたが、「前回は最近の国体観に入りまして、中々討論が盛でした」という状態であったという。太平洋戦争の最中に、しかも戦況が悪化している状況下で、河合らはその研究会で、国体観（国体論）などを盛んに議論しあっていたということである。

〈書物の探索を依頼〉

その4は、書物の探索を依頼しているということである。

河合は、「別紙の書物貴地で御探し下さいませんか。地方には却《かえっ》てあるようですから。そして別紙は送り返して下さい」と、塩尻に依頼しているということである。

「別紙の書物」とは、河合が別紙に書いた書物の一覧表を意味するようである。もし、一覧表に記載した書物が、もし塩尻が居住する土佐高知の書店で探すことができれば購入をお願いしたいと、塩尻に依頼している。一覧表に掲載の書物が東京や大阪といった都会よりも、地方の都市にあるという場合もあるので、よろしくお願いするということである。

〝別紙を返送して欲しい〟と書いているところから判断すると、相当の枚数に多数の書名を記載していたように思われる。まだコピー機のない時代であったから、せっかく作成した書物一覧表を送り返して欲しい、と書き添えたのであろう。

注

1　全集23巻、日記、207頁。

2　同前、210頁。

3　同前、207頁。

4　同前、207頁。

5　河合は1942年11月27日の日記で「近頃は研究会で報告する『第一次大戦の社会運動』と『日本における哲学の変遷』に就いて考える」と書いている（同前、206頁）。

6　河合榮治郎『学生に与う』日本評論社、1940年6月15日初版発行。河合によれば、この本は「山間に引き籠り、20日17時間の労働を続けて」書き上げたという（河合榮治郎『学生に与う（全）』教養文庫、

社会思想研究会出版部、1955年、序3頁）。

7　前掲、塩尻公明「河合先生の想い出」、235頁。なお、全集第18巻の解説（372頁）で、編者の塩尻は、「しかし（先生は）その時はおとなしく、『同じようなものを反復してかかないで、これからは一生懸命に勉強するよ』と答えていられた」と書いている。

⑿　1943（昭和18）年10月31日の手紙

高知市城北町39
　塩尻公明様

拝啓　久しくお目にかかりませんが、お変わりないことと思います。時々木村君からお噂を伺います。君が内地留学生として在京され、研究会に出席されたのも、もう1年前になりました。芳蘭亭の会食を想い起します。研究会は今年の10月初めで、第35回で第一週を終え、第二週に入り、主として討論をすることにし、すでに第一回を去る22日にやりました。僕が「思想体系」についで話しました。

さて10日ほど前に君の『天分と愛情の問題』を受け取りました。有難うございました。久しい前から我々の間で予告を見ては噂をしていたのでした。数日前に箱根へ来るときに、読もうと思ってカバンに入れてきまして、昨日読み終わりました。これについての感想を申上げますと、

(一) 君にかかる事件があり、苦悩があったことを始めて知りました。今まで知る所なくして君と交渉して来たのでした。君を理解する上に大切な材料でした。

(二) 真摯に自分の問題を見つめて、一筋の道を歩いてきた記録は、君にとっても読者にとっても貴重な文献だと思います。自己を見つめ自己を育成することの乏しい現今、ことに愛国心が却ってこの基礎の上に立たねばならないのに、反対にこれを妨げている現在において、一条の光明だと思います。真摯な読者を動かすに違いありません。曽て私どもの壮年時代に倉田百三氏の『愛と認識の出発』が与えたのと似たものを与えてくれると思います。

(三) 君が「自と他の問題」を研究してゆかれることは、大いに意味があると思います。これこそ、およそ人間の根本的な問題であり、そして学問の一切を網羅する研究だと思います。これを止めた「旧師」の愚を致そうとは思いません。

要するに君の著述を最も喜んだものの一人は僕です。それは君の友人として、一つはこの内容

に関心をもつ一人として。研究会の人々にもすすめましょうし、人々もきっともう読んでいるでしょう。

木村君が近く貴地に行かれるとのこと、うらやましいと思います。何年か前に講演に行ったことを思い起します。お暇のおりに上京して研究会に列席なさいませんか。

僕はいまカントを読んでいます。もう少しで全集を読み終るところです。自分の眼を開いてくれました。一日一日が伸びて行くように思われます。

昭和18年10月31日

河合榮治郎

〔解説〕

〈塩尻の「河合先生の手紙」掲載の手紙〉

この手紙は、河合が塩尻に送った最後の手紙である。河合の１９４３年10月31の日記にも、「電気がついてから…塩尻、S、木村三氏に手紙を書き」[1]とある。河合が亡くなったのが１９４４年２月15日であったから、その日から３カ月半ばかり前の手紙となる。

この手紙は塩尻が「河合先生の手紙」に掲載しているもので、本稿の右の手紙は、そこから全文を引用させていただいたものである。前もってそのことを述べ、謝意を表す次第である。

以下、手紙の記述の順序に従って解説を進めて行くことをご了承されたい。

〈1年ぶりの手紙〉

その1は、久しぶりに書く手紙であると書いて、挨拶をしているということである。河合は、塩尻が内地留学生として在京し、研究会に出席したのも、もう1年前になるといい、研究会のメンバーたちが集った芳蘭亭での会食を想い起すとも書いている。河合にとって、芳蘭亭での会食が大層印象的であったということであろう。

〈河合の生き甲斐としての研究会〉

その2は、研究会の経緯を説明しているということである。河合の手紙によれば、研究会は今年の10月初めで第35回となり、これで第一週を終えたこと、今は第二週に入ったので、討論を主とした研究会としたいこと、その第2週の第一回研究会を1943年10月22日に開催し、河合が「理想主義の思想体系」について報告した、ということである。

大学を追われ、フリーな身となった河合にとって、研究会は自分自身の研究にとって、また門弟たちの育成にとって大切なものであった。しかし、月2回の研究会の開催は、職を持っているメンバーにとっては（出席と報告と討論とを伴う会を月2回というのは）重荷であったはずである。そのためか、研究会において率先して報告を買って出たのが、主宰者であった河合自身であった。

1943年度中に河合が研究会で報告をしたのが7回で、そのテーマは、①「最近20年の日本の社会思想」、②「最近20年の宗教哲学およびキリスト教文献」、③「最近20年の日本の哲学」、④「西田哲学」、⑤「最近20年の日本の倫理」、⑥「自分の思想体系」、⑦「カントについて」であった。

〈河合の「理想主義体系」の構想〉

この報告の中で、河合が「理想主義体系を終えるまで（63歳頃）石に噛りついても生きたい[2]」と熱願していた⑥「自分の思想体系」について、もう少し説明をしてみよう。

河合の「理想主義体系」の構想については、全集第20巻233～258頁に整理されている。河合が理想主義体系の構想に取り掛かったのが1942年12月26日であり、その最終段階の構想は1943年10月24日である。

そこで以下では、河合がこの手紙で、1943年10月22日の研究会で「思想体系」について報告した時のレジュメA[3]（1943年10月21日、軽井沢にて作成）と、その報告後に修正を加えた1943年10月24日付けの「思想体系」の構想Bとを示すことにする（共に主要項目のみ）。Bは、時間的に考えて、河合が最終的に到達した地点であると考えられる。

A（1943年10月21日、軽井沢）[4]

（1）思想体系の必要

（2）思想体系の内容

（3）思想体系の条件

（4）理想主義

B　思想体系（1943年10月24日）[5]

緒言、序論

第一　思想体系とは何か

第二　思想体系の要件

第三　思想体系の内容、（如何なれば網羅的か）

残念ながら筆者には、AとBの大項目及び中・小項目を見ても、河合の「理想主義体系」の構想や体系構築の目的が把握できないことを告白せざるを得ない。河合の思想の後継者たちは、河合の思想をどう継承し、どう発展させたのであろうか。

〈塩尻から『天分と愛情の問題』の贈呈〉

その3は、塩尻から『天分と愛情の問題』と題した書物を受け取ったということである。河合は手紙で「10日ほど前に君の『天分と愛情の問題』を受け取りました。有難うございました。久しい前から我々の間で予告を見ては噂をしていたのでした。数日前に箱根へ来るときに、読もうと思ってカバンに入れてきまして、昨日読み終わりました」と書いている。

この件について少し説明を加えることにしよう。

1つは、『天分と愛情の問題』の出版日と河合への同書の送付についてである。塩尻の初めての感想集『天分と愛情の問題』が弘文堂書房から出版されたのが1943年10月25日（初版の発行日）であった。ただし、実際には出版日よりも早く出版されるのが普通である。それゆえに、河合が同書を受け取ったのが1943年10月23日(6)であったというのは、出版の都合上、何ら不思議ではない。

また、河合が31日付の手紙で、実際には23日に受け取ったことを「10日ほど前に…受け取りました」と書いているのも、十分に許容範囲内の記憶と表現であると言ってよいであろう。

2つは、同書は出版の前から出版予告されていたということである。

同書の出版は難産であった。同書の塩尻による序文の日付が１９４２（昭和17）年12月16日であったが、出版は用紙事情の悪化等で10カ月余りも遅れた[7]。この間に、同書の出版予告がなされていたのであろう。

また、塩尻が同書の編集を終えて冒頭の「序文」を書いた当時は、ちょうど内地留学で在京中であり、河合と研究会のメンバーたちに出版の旨を伝えていたのであろう。特に１９４２年12月20日の夜の芳蘭亭での食事会で、同書の出版予定と内容紹介とを語ったのではなかろうか。その出版の話がほぼ10カ月後に実現したので、河合の手紙の「久しい前から我々の間で予告を見ては噂をしていた」という文章になったのであろう。

〈『天分と愛情の問題』についての読後感想〉

３つは、塩尻の『天分と愛情の問題』についての読後感想を書き送っているということである。

以下では、河合の手紙の読後感想を書いた文章を再度引用して、コメントしていく糧としたい。

「天分と愛情の問題」

〈河合、『天分と愛情の問題』を読んで塩尻を理解する〉

1つは、「君にかかる事件があり、苦悩があったことを始めて知りました。今まで知る所なくして君と交渉して来たのでした。君を理解する上に大切な材料でした」という感想である。

この記述から判断するに、河合はこれまで、塩尻が天分と愛情（愛欲）の問題に惑い苦しんできた人であることを知らなかったらしいということである。

そもそも河合にとって塩尻は、半年間の一高時代の講義の受講生の一人、また、河合主宰の読書会の一員であって、河合が西欧への留学から帰国した時には、彼はすでに大学を卒業していた。その河合が見た卒業後の塩尻の姿は、友人たちの進んでいくエリートの途から外れて無所有無報酬の人間道を追求する特異なそれであった。そんな塩尻を見かねた河合（友人たちも）が温かい手を一度や二度ならず差し伸べたが、塩尻は素直には聞かず、不義理を重ねるという有様であった。昭和の大不況の中で、塩尻はいよいよ一切の貯えもなくなり、就職口を探さなければならなくなったが、今更河合に頼みに行く顔はなかった。結局、友人の一人が河合を訪ねて、塩尻の就職口を頼んでくれた。丁度その時に高知高校の法制経済担当の教員に欠員があったので、河合が同校の校長に塩尻を推薦してくれたのであった。河合も推薦はしたものの、果して塩尻が素直に赴任するかどうか心配していたという(8)。

かくして河合は、塩尻を門弟の中では「特異の経歴」をもつ一人としては見ていたけれども、その彼が『天分と愛情の問題』に収録した6本の感想文[9]が記録しているように、真正面から自己の天分と愛情（愛欲）の問題について対決し闘ってきたとは知らなかった、と言っているのである。そして、河合は、この本を読んだことによって、塩尻をより深く理解できるようになって有益であった、と言っているのである。

〈『天分と愛情の問題』は貴重な文献〉

2つは、「真摯に自分の問題を見つめて、一筋の道を歩いてきた記録は、君にとっても読者にとっても貴重な文献だと思います。自己を見つめ自己を育成することの乏しい現今、ことに愛国心が却ってこの基礎の上に立たねばならないのに、反対にこれを妨げている現在において、一条の光明だと思います。真摯な読者を動かすに違いありません。曽て私どもの壮年時代に倉田百三氏の『愛と認識の出発』が与えたのと似たものを与えてくれると思います」という感想である。

筆者は、右の文章から「ことに愛国心が却ってこの基礎の上に立たねばならないのに、反対にこれを妨げている現在において」という箇所を除けば、河合の感想にほぼ同感である。とりわけ河合が塩尻の感想文を「真摯に自分の問題を見つめて、一筋の道を歩いてきた記録」であると読み取り、それゆえに「自己を見つめ自己を育成することの乏しい現今」においては「一条の光明」であり、「真摯な読者を動かす」に違いないと言い切っているところなどは、正鵠を射た指摘であると感心する。

〈旧師の愚を繰り返さず〉

3つは、「君が『自と他の問題』を研究してゆかれることは、大いに意味があると思います。これこそ、およそ人間の根本的な問題であり、そして学問の一切を網羅する研究だと思います。これを止めた『旧師』の愚を致そうとは思いません」という感想である。

ここで河合が引用している前半の意味は、塩尻が『天分と愛情の問題』に収録した「6、わが白道」で、「真に自己の内よりの要求に基く生涯の学問的課題として、自分の発見し得た問題は…『自と他との本質的関係の究明』である(10)」と設定したことに対して、河合が「これこそ、およそ人間の根本的な問題であり、そして学問の一切を網羅する研究だ」と賛意を表していることである。

引用の後半の「これを止めた『旧師』の愚を致そうとは思いません」と言っているのは、かつて塩尻が「自と他の問題」を研究していくことを止めた自分（河合）の愚を繰り返すつもりはありません、という意味である。

それでは、かつて河合が塩尻の研究に関して述べた言葉とは何であったか。それは、次のような忠告であった。

旧師は、「折角あそこ迄勉強したミルをまとめ上げることだけでも意味があるではないか、君のやり方では随筆位は書けるようになるかも知れないが、学問的業績とはならぬであろう」と忠告せられた。[11]

そして河合は、自分が書いた『T・H・グリーンの思想体系』に準ずる形で、塩尻に『ジョン・ステュアート・ミルの思想体系』を書いて欲しいと勧めたという。[12] しかし河合は、『天分と愛情の問題』を読んで、塩尻の慎重な検討の末に生涯のテーマ「自と他の問題」なる研究課題を設定した由来を知るに及んで、今後は、的外れな忠告をする愚を繰り返さないと言っているのである。

しかし、塩尻にも少々あまのじゃく的なところがあって、河合の態度変更に複雑な反応を示す。次の記述がそれを語っている。

当時の私は、学界に貢献しうるということも、自己を奮い立たせるには足りないと思い、また、たとい義務的な枯れた気分でミルの研究をまとめたとしても、明日は紙屑になるようなものしか書くことはできまいと思い、自我流の方針を以てする勉強の結果が、結局学問的業績とはならないとしても、随筆の域にとどまるとしても、否、単なる読書のみを以っては残るとしても、以って瞑することができよう、という風に、生意気に考えていた。しかし、先生の意見をあっさりと撤回されてみると、却って自我流のやり方を一層謙遜に厳重に反省してみるようになった。そして、このときからなお数年の間は、私は、過去の勉強の堆積を基礎にして、ミルの思想体系についての一応まとまったものを書こうと努力していた。[13]

引用の最後の一節、「過去の勉強の堆積を基礎にして、ミルの思想体系についての一応まとまったものを書こうと努力していた」という宣言は、戦後まもなく『J・S・ミルの教育論』[14]と『イギリスの功利主義』[15]という著書として結実する。

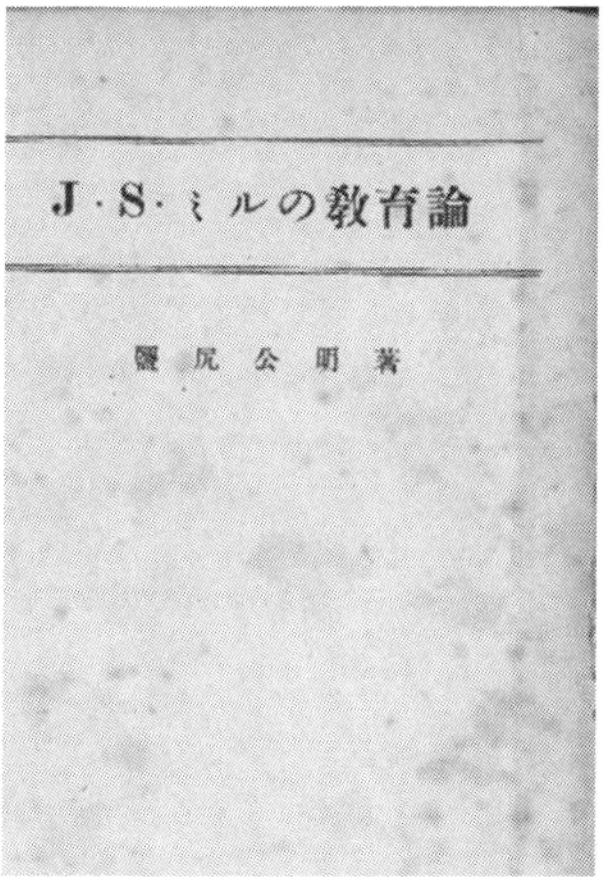

「J.S.ミルの教育論」

「イギリスの功利主義」

〈ミル研究の最高水準の書〉

『J・S・ミルの教育論』は、その前の訳書『ベンサムとコールリッヂ』と並んで高い評価を受けた。例えばJ・S・ミルの『学問の理想』を翻訳しようとしていた石上良平は、次のように絶賛している。

本書の訳業に従事しつゝあった時、私はその解説においては原著者ミルの教育論、特に教育論における学問の位置について述べようという意図をいだいていた。ところが、本書の邦訳が完成した頃、塩尻公明氏の「J・S・ミルの教育論」（同学社）が出版され、直に一読して、私は自分の計画を放棄することにした。塩尻氏の著書はミルの教育論を論じ尽くして遺憾がなく、この「学問の理想」という題の下に訳出した「聖アンドルーズ大学講演」の読者にとって最良の解説書となっているからである。塩尻氏はすでにミルの名著を邦訳して「ベンサムとコールリッヂ」（有斐閣）の書名を附して学界に提供されたが、その書物に附した詳細な解説は、わが国におけるミル研究の最高水準を示すものであることは、広く知られているところである。

塩尻氏の「ベンサムとコールリッヂ」の解説論文は単にベンタム論とコールリッヂ論を書いた時期のミル—普通ミルの第二期とよばれている—を語るのみならず、ミルの生涯の全体に亙り、彼の人間としての成長、並びにその学問と思想との展開の過程を辿り、ミルという人の全貌の展望を提供している。しかも凡そミルに関する文献の凡てを列挙して、ミル研究者にとって最大の便宜を与えている。この意味で塩尻氏の「ベンサムとコールリッヂ」と新刊の「J・S・ミルの教育論」とは、私の訳書に対する最良の解説書―否、解説書以上のものであると思う。従ってもはや、もし読者が上記の二書を参照する労を惜しまれぬならば、私としてはこゝに述べるべきことは殆どないのである。⑯

後になって塩尻は「還暦を迎えての所感」の中で、この当時の思い出を「おそらく私は、最高水準というふうな言葉で褒められるのは生まれて初めてであるし、また今後もないだろうと思うんですが⑰」と謙遜しつつ、次のように語っている。

『J・S・ミルの教育論』は、私が教育学部の人間になることに一つの機縁を作ってくれた本でございます。この意味で、この本は、私の生涯のあり方を大きく左右したということができます。しかし、この本は、元来私が教育というものに熱い関心を持っていたから『J・S・ミルの教育論』を書いたというわけではなくて、むしろ逆に、この本を書きました結果として、私は教育の重要性に目覚めた、教育ということに関心を持つに至ったと、こう言ってよろしいのであります。

私がこれを書きました動機は、ミルがいかなる問題を論ずる時にも、常にミルの持っている思想体系の基本的な諸要素との連関において述べていることに興味を感じ、教育という問題を一つの実例として、その点を私の力でできるだけ浮き彫りにしてみようと思ったことが、この本を書いた主たる動機でございます。従って、教育論そのものの展開を主眼としたものではございません。(18)

塩尻は『J・S・ミルの教育論』を書いた理由について、教育というものに熱い関心を持っていたから書いたのではない、とか、教育論そのものの展開を主眼としたものではない、などと言っているが、塩尻はミルの思想体系の研究の中で、ミルが人間形成において教育が重要な役割を果たしていることを知り、自らも教育的視点からミルの思想体系を考察してみようと考え、同書をまとめたに違いない。

〈『J・S・ミルの教育論』が塩尻の運命を決める〉

しかし、そうした教育的視点は、塩尻自身の人格完成論の根底に流れていたものであったし、その一端は「教育者としての河合」から影響を受けたものでもあった。そのことを、塩尻は次のように書いている。

私がのちに、『J・S・ミルの教育論』その他教育と名のつく何冊かの書物をかくようになり、また教育学部の人間となるに至ったのは、先生の教師としての実践にふれて印刻された感銘が、一つの重要な機縁となっているように思われる[19]。

その4は、河合は塩尻の『天分と愛情の問題』の出版を喜び、その本の価値を認め、他の人々にも勧めましょうと言っているということである。

このことは、「全面的に要するに君の著述を最も喜んだものの一人は僕です。それは君の友人として、一つはこの内容に関心をもつ一人として。研究会の人々にもすすめましょうし、人々もきっともう読んでいるでしょう」という言葉で表現されている。「君の友人」という書き方は、師弟関係を超えた言葉である。

〈河合が「あれはほんものだ」と評価〉

いま一つ、河合が塩尻の『天分と愛情の問題』の読後感を漏らした言葉がある。

塩尻によると、河合は「教え子たちのことを、第三者に語ってその長所、美点をほめられることはあっても、その当人の面前で直接にほめられることの殆んどない人であった[20]」ようである。この読後感の時、塩尻もその経験をしたようである。彼は、おそらくその時のことと思われる経験を次のように書いている。

（河合）先生の亡くなられたあとで、木村健康氏其他のお弟子から、先生がいつか自分の噂さをされて「あれはほんものだ」と云われたということを聞いた。自分は自分の耳を疑う程に思った。これはまた余りにも物すごいほめ方であるからである。[21]

河合から「あれはほんものだ」と評価されて、自分の耳を疑うほどに感激した塩尻であった。しかし、彼はその評価から多くの教訓を学ぶ。それを次に紹介しよう。

自分がほんものでないことは何人よりも自分自身が最もよく知っている。人にほめられると子供のように喜ぶ癖のある甘い自分も、如何に己惚れて考えてみても、さすがに此の言葉だけは正直に受取りかねるのであった。然し乍らこの言葉に恥しめられて、どんな小さな一面でもよい。本ものの人間となり、どんな小さな仕事でもよい、本ものの仕事をなさずにはおかないという勇猛心をかき立てたてられる気がした。生前には辛辣な批評を以って自分を鞭撻して下さった先生は、死後にはまた此の余りにも自分をかけ離れた物すごいほめ言葉を残して、永久に否応なしに自分の成長を鞭撻して止むまいとせられるのであろうか。[22]

生前は辛辣な批評で弟子を鞭撻し、死後も弟子の成長を鞭撻して止まない言葉を残した河合が「天性の教育者」であったことを語る塩尻の達意の一節である。

注

1　全集第23巻、日記、２６２頁。
2　全集第20巻、２４８頁。
3　全集第23巻、日記、２６０頁。
4　全集第20巻、２５１～２５２頁。
5　同前、２４９～２５１頁。
6　全集第23巻、日記、２６１頁。
7　『天分と愛情の問題』（弘文堂書房、１９４３年10月）の出版が遅れたために、塩尻の教え子の木村久夫が同書の出版を見ずに出征し、遂に「今日の死に至るまでついに一度も拝読し得なかったことはくれぐれも残念です」と嘆かせるという悲劇も生んだ（塩尻公明『或る遺書について』新潮社、１９４８年、46～47頁）。
8　塩尻公明「河合先生の想い出」、社会思想研究会編『河合栄治郎・伝記と追想』社会思想研究会出版部、１９５２年、２３２～２３３頁参照。
9　前掲『天分と愛情の問題』に収録した感想文は、1、眼を閉じて切る、2、没入の効能、3、中道に斃れんとする虚栄心、4、天分の問題、5、一枚のテーブル・クロスのなせしこと、6、わが白道、の6篇である。

10　前掲『天分と愛情の問題』、170頁。
11　同前、179頁。
12　塩尻公明会・中谷彪編、塩尻公明『民主主義の道徳哲学』136頁、前掲「河合先生の手紙」社会思想研究、21頁。
13　塩尻公明「河合先生の思い出」『社会思想研究』1962年14巻3号、6頁。
14　塩尻公明『J・S・ミルの教育論』同学社、1948年。
同書の目次は、次の5章である。
第1章　J・S・ミルの教育論の特に注目に値する理由
第2章　ミルの道徳哲学と教育との関連
第3章　ミルの社会哲学と教育論との関連
第4章　ミルの歴史観と教育論との関連
第5章　ミルの教育論
この章立ては、河合榮治郎の『トーマス・ヒル・グリーンの思想体系』の影響を受けていると思われる。
のちに塩尻は「民主主義を基礎づける理論の構築」に力を注いだ。その構想は「民主主義の人間観」「民主主義の道徳哲学」「民主主義の社会観」「民主主義の社会哲学」「民主主義の歴史観」であった。塩尻が生前にまとめたのは「民主主義の人間観」（社会思想社、１９６８年）だけであったが、没後42年に、塩尻公明会編で『民主主義の道徳哲学（講義ノート）』（北樹出版、２０１０年）が出版された。

15　塩尻公明『イギリスの功利主義』弘文堂、アテネ文庫、１９５０年。

16　Ｊ・Ｓ・ミル・石上良平訳『学問の理想』（みすず書房、１９４８年12月）の石上の「解説」、１～２頁。同旨、石山良平『英国社会思想史研究』創文社、１９５８年、２０３～２０４頁。

17　前掲『民主主義の道徳哲学』北樹出版、１３５～１３６頁。

18　同前、１４１頁。

なお、塩尻は『Ｊ・Ｓ・ミルの教育論』が塩尻を教育学部の人間になることの一つの機縁を作ってくれた本であると言っているが、戦後学生改革期に旧制高知高校教授から新制神戸大学に異動する時の条件は、神戸大学教養部政治学専任教授であった（神戸大学設置準備委員会委員長　神戸経済大学長　田中保太郎から塩尻公明殿宛の公印文書・昭和24年1月10日）。

それが教育学部所属になったのは、塩尻にとっては晴天の霹靂であった。神戸大学としては、教育学部創設の切り札として、急遽、塩尻を配置することにした。教養部も教育学部も共に新設であったからである。この配置には、塩尻に『Ｊ・Ｓ・ミルの教育論』と『或る遺書について』の二著書があったという背景があった。

19　前掲「河合先生の思い出」『社会思想研究』、第14巻3号、１９６２年、5頁。

20　塩尻公明「河合先生の手紙」『社会思想研究』20巻8号、1968年、19頁。
21　前掲「河合先生の想い出」、236頁。
22　同前、237頁。

3　河合榮治郎の手紙から見えること

本節では、以上見てきた河合から塩尻への12通の手紙の紹介と、それらの手紙の背景と関連事項の解説とから、読み取れる幾つかの感想を、3項目に分けてまとめていく。

(1)　手紙から見る河合榮治郎の生活と思想

河合から塩尻への12通の手紙から、河合の生活行動様式と思想の特色を筆者なりに整理してみる。

i　受難と戦闘の日々の手紙

河合と河合が12通の手紙を書いた時代との関係で見るならば、次のようなことが指摘できよう。

1つは（この指稿は19～20頁の記述と若干重複するのであるが）、河合から塩尻への12通の手紙は、1936年7月から1943年10月までの7年間に、いわば河合の受難と戦闘の時期に、書かれたものであったということである。

1936年7月19日付の最初の手紙は、河合が東京大学経済学部長職（1936年3月31日～1937年3月30日）に就任後間もなくのときのそれであり、最後の手紙（1943年10月31日）は、河合が出版法違反で有罪が確定して半年後の、しかも河合が急逝（1944年2月15日）する3カ月半前に書かれたそれであった。

年齢的に見れば、河合が46歳から52歳までの間に書かれた手紙であった。この7年間は、一般人には壮年期に当たると思われるが、早世した河合にとっては、壮年期後期から晩年に書いた手紙であった。

それゆえに、河合のこれらの手紙には、彼が生涯で最終的に到達した人生観や思想が示されていたということであった。

2つは、12通の手紙は、いわば比較的順風満帆であった青年期や前期壮年期の手紙ではなく、人生における最大の激動期にあった河合によって書かれた手紙であったということである。

すなわち、それらは、東大経済学部内の勢力争い、マルキシズムやファッシズムとの思想的闘争、東大教授職の休職、軍国主義・国家主義の横暴と国家による国民の人権統制に対決する真正面からの論陣、そして自らの4著作発禁処分と出版法違反に対する裁判闘争の渦中にあった河合によって書かれたものであった。

それはまた、戦闘的学者・思想家であった河合が〝自由主義思想〟という旗を掲げて、起こりくる幾つかの戦闘に真正面から戦いを挑み、勝敗互角のまま、更に次の戦闘を再開するという段階で病魔に斃れんとする時期に書いた手紙であった。

3つは、12通の手紙の中で、自らの一連の戦闘のことをほとんど書いていないということであった。

河合が戦闘の一部（出版法違反で起訴になったこと）を書いているのが、1939（昭和14）年2月25日付の手紙の冒頭の一節のみである。それも、〝さらり〟と書いているに過ぎない。まして、この手紙を書いた日の少し前にあった〝二人の弟子との別離〟についても一切触れていない。

河合は、公私のけじめを明確に認識していたのであろう。

ii　旺盛な研究活動を示す手紙

河合の手紙を彼の研究活動との関連から見れば、つぎのようにまとめることができよう。

1つは、河合の旺盛な研究活動を示している手紙の内容であったということである。12通の手紙は、経済学名著翻訳叢書の1冊で、J・S・ミル著・塩尻公明訳『ベンサムとコールリッヂ』として出版される「ベンサム論」と「コールリッヂ論」の翻訳の依頼とその後の連絡、学生叢書の1冊となる『学生と歴史』へ収録することになる「社会科学への憧憬」の執筆依頼、J・S・ミル著『自由論』の共訳の相談と連絡、伝記叢書の「ミル」の執筆の依頼、河合主宰の「研究会」への参加の誘い、研究に関する図書の情報交換というように、ほとんどが研究に関する内容であった。

翻訳と執筆とについての依頼事項は、ほとんど日の目を見ることになったが、出版まで進行しないで中断した事項もあった。著書の発禁や執筆への妨害を受けながらも、次々と出版と執筆活動を続けた河合の溢れ出る旺盛な研究意欲と権力の圧力に怯むことなく立ち向かう勇気とは、特記するに値する。

2つは、激動と激務との中でも、河合が旺盛な編集と執筆の研究活動を継続していたということである。

塩尻に手紙を書いた7年間には、経済学名著翻訳叢書全8巻、学生叢書全15巻の編集を行い、後者においては、編者として各界の著名人を執筆者に選び、編集の重責を果たすとともに、自らも各巻に執筆者として論稿を寄せている。

また、河合は個人として、『学生に与う』、『明治思想史の一断面』、『教養文献解説』(これは、木村健康名で)を出版した。ただ、この期間に、河合は『国民に愬う』を完成させ、『社会科学文献解題』の編集にも取り掛かっていたが、前者は出版差止となり、後者は完成までに至らなかったが、河合がそうした研究活動をしていたという事実は明確に書き留めておきたい。

3つは、研究会を主宰し、月例会を1回から2回へと増やし、しかも河合本人がもっとも多く報告したということである。塩尻の手紙にも、研究会の動静や自分が報告したテーマなどを書いていた。

4つは、週末には箱根や軽井沢の宿に通い、勉強に励んだということである。そこは、自宅の書斎に対して〝移動書斎〟と呼ばれたが、河合にとっては近しき人々との応接の間でもあった。塩尻も招待されて歓迎されたことは紹介したところである。

5つは、最後の大仕事であった「理想主義体系」の著作は未完成で終わったということである。

河合は1941年7月末日の塩尻への手紙で、いよいよ「理想主義体系」に着手した、と書いていた。その計画は、1年に1巻、6年の予定とまで具体的であった。実際、彼はそのための読書を始め、多くのメモや抜書きを蓄積した。計画を厳守した河合のことであるから、彼の病状がこの段階以上に進行することがなかったならば、『理想主義体系』全6巻は1947年末頃には完成する予定であった（ただし、１巻も刊行されることはなかった）。

以上が手紙の書かれた時期の河合の研究活動であったが、その研究は病状の進行の傍ら、継続されていたということである。

iii　「人格の完成」への確かなる成長

河合から塩尻への12通の手紙と河合の「人格の完成」（人間的成長）との関係で見れば、次のように指摘できよう。

１つは、河合が猛烈な読書から、「人格の完成」に繋がる読書の効用を説いていたということである。

その一例は、河合が１９４３年10月31日付で塩尻に送った手紙の中で、「僕はいまカントを読んでいます。もう少しで全集を読み終るところです。自分の眼を開いてくれました。一日一日が伸びて行くように思われます」と書いていた。

これは河合が「理想主義体系」の構築の基礎資料として読んでいたものであるが、カント全集を読み切ることの大仕事もさることながら、河合がその読書を通して、新しい自己発見と自己成長の実感とを塩尻に伝えたものである。

その二例は、同じ手紙の中で、塩尻の処女作『天分と愛情の問題』の読後感想として、自分は塩尻の苦悩を知って塩尻の理解が深まったこと、読者が同書によって自己を見つけ自己を育成する一条の光明になること、自と他の問題の研究は人間の根本的な問題であり、学問の一切を網羅する研究であることを指摘しつつ、研究の継続を推奨していた。これは、塩尻が取り組もうとしていた〝自と他の問題の研究〟の重要性と価値とを自らも認識したということであった。この場合は、他者である塩尻の問題関心と研究課題とから謙虚に学んだということであり、河合としてはこれまで軽視していた自己の研究関心と研究課題を再検証する機会を得たということであろう。

2つは、河合の手紙中に、「人格の完成」への成長を示す幾つかの表現と行動とを読み取ることができるということである。

その一例は、1939年7月13日付の塩尻への手紙で、裁判等で苦境の中にいる河合を心配した塩尻が高知への招待を申し出たのに対して、「御親切なお話」として感謝しつつも、丁寧に断っていたが、この行為などは人格成長の一要素である「感謝する心」をそれとなく示しているとみることができる。

その二例は、右と同じ手紙で、『ベンサムとコールリッヂ』の刊行を近くにして、「君の名前の書物が出ること」を我がことのように喜び、さらに次の1939年10月18日付の手紙で、遂に同書が刊行されるや、「君の著述の出来として一層嬉しく感じました」と喜んでいるのは、「他人の喜びを喜ぶ心」の持主として、人間的な成長を示している証明である。

その三例は、1942年6月30日付の手紙で、河合がミルの『自由論』の翻訳が岩波書店から出版不可能になった経緯を塩尻に伝えている箇所である。河合は、自分の責任で出版できないと知るや、塩尻単独での出版を提案している。それでも『自由論』という書名自体が社会情勢の許されないところであると知るや、翻訳で苦労をかけた塩尻に対して誠心誠意を以って謝罪する。

その手紙を受け取った塩尻は、「先生の罪でも過失でもなく、止むをえないこと」と理解しており、河合が「私の努力をムダにしたことをひどく気の毒と思われ」ていることに、ただただ恐縮していた。

すべては国家権力の愚行に責任があるのであるが、河合と塩尻との関係では、恩師の河合が結果としてその責任を果たせなかったことを塩尻に対して正直かつ謙虚に謝罪している態度は、人間的成長の要素である「正直さ」と「謙虚さ」とを示したものとして評価すべきである。

3つは、河合は「人格の完成」にとって中核的な要素を掴む段階にまで到達していたということである。

それを示しているのが、1939年2月25日の手紙にある「理想主義者に不幸と云ふものはありません。あらゆる事が人間の成長に役立つのですから」という言葉である。

iで書いたような四面楚歌の中で、法廷闘争に巻き込まれた河合にとって、次から次へと難題と難問とが降りかかってきたが、河合はそれらの出来事のすべてが「人間の成長に役立つ」と捉え、受け止めようとしたのであった。〝理想主義者（人格主義者）には、よい出来事も、そうでない出来事も、人間的成長にとっては益をなすものであって、必ずしも不幸なものではない〟というのである。この精神は、「すべてよく受け取る」という高度な精神的次元を言い表したものであって、この姿勢を生活習慣として実践していけばよいのである。

ただし、河合がこの言葉の意味を生活習慣にまで高め、どこまで実感し実践しえたかについては検討の余地のあるところであるが、かなりの程度まで理想主義者の域に接近したことは承認してよいのではなかろうか。

(2) 手紙に見る河合榮治郎の人間像

次に、手紙とその背後とから見た河合榮治郎の姿を描けば、つぎのようにまとめられよう。

i　手紙を書く名手

その1は、河合は〝手紙を書く名手〟であったということである。

この場合の〝手紙を書く名手〟であるという意味は、①筆まめであること、②達筆家であることと（ただし、最後のあたりの手紙はやや粗雑な文字になっている）、③簡潔で明瞭な文章を書いていること、

④丁寧な言葉遣いをしていること、といった意味である。

ⅱ　有能な学者・研究者・教育者

その２は、河合自身が有能な学者・研究者・教育者であったということである。

ここでは、河合個人の研究活動に限定して書いてみる。

すなわち、河合は、①青年期から、才能とやる気と努力する才とを兼ね備えていた、②興味・探求心が旺盛であった、③猛勉強家で努力家であった、④戦闘心旺盛であった、⑤有能な執筆者であった（河合は個人として多数の単著を著わし、また、編著者として多数の論稿を執筆した。この成果は、全22巻からなる河合榮治郎全集に示されている）、⑥速筆であった（河合は一晩に多数の手紙や葉書を書き、短時間で随想文をまとめ、数カ月で専門書を書き上げた）、⑦授業や著作を通じて多数の学生や国民に大きな影響を与えた（教授として学生を教え、研究者を育て、著作や講演を通して一般国民の生き方に影響を与えた）、⑧自分の著述や思想に対して他人からの批評や批判を素直に聴き、それらの意見をそれとして真摯に受けとめた、ということである。

注目すべきは⑧で、河合のこの柔軟な姿勢は、彼が超一級の学者・研究者であったことを物語っている。

iii　有能な編集者・オーガナイザー

その3は、河合は有能な編集者・オーガナイザーであったであったということである。河合が立派な組織・集団のリーダーであったことを示す事例が、①編者として、経済学古典翻訳叢書（12巻）と学生叢書シリーズ（15巻）の編集をしたこと、②編者として、当時の著名な学者・研究者を分担執筆者として配したこと、③編者として、若い研究者に執筆の機会を与えたこと、④研究会・読書会・勉強会（青日会）を組織し、若い研究者や学生を厳しく指導したこと、⑤弟子（門下生）の出版を応援し、心から喜び祝福したこと、であった。

これらの事項について、若干、補足的な説明を加えることにしよう。

①については、河合は学部内の問題や法廷闘争を抱えた多忙な生活の中にも拘わらず、研究活動として次々と叢書の企画を立て、精力的に編集作業を進めて行ったということである。経済学古典翻訳叢書は当時の学問的要求に応える外国書の翻訳であったし、学生叢書は当時の知識と教養を求める学生・知識人に好評を博した。時代の知的欲求がどこにあるかを、河合が的確に読み取っていたということであった。

②については、経済学古典翻訳叢書の翻訳者に気鋭の研究者を配置し、学生叢書では多方面から適材適所の学者や研究者や文化人に執筆を依頼しているということである。各巻が大ヒットしたのは、テーマの設定のみならず、力量ある著名な執筆者の文章が説得力を有していたからであ

ろう。

③については、例えば塩尻に『ベンサムとコールリッヂ』の翻訳を勧めたり、ミルの『自由論』の共訳を提案したりしたが、その場合、文章の記述に当たって詳細であるが、実に明瞭な指示をしていることである。河合は、他の執筆者にも、塩尻の場合と同じような指示を出したことであろう。指示を受けた塩尻や執筆者は、さぞかし作業を進めやすかったことであろう。

④では、河合は自ら率先して報告者となり、会員からの遠慮しない批評を浴びることを厭わなかった。塩尻の批評を心待ちにすらしていたし、その意見に自らを反省している。研究会は、若手のみならず、河合自身にとっても学習と研究の深化の道場であったに違いない。

⑤では、塩尻に『ベンサムとコールリッヂ』の翻訳を勧め、出版の暁には、我が事のように喜んだ。日記では、破門する前の大河内や安井の出版も喜び祝福している。

以上のように、河合は有能な編集者・オーガナイザーであった。

iv　計画的に行動する人・動き回る人

その４は、河合は計画的に行動する人であり、動き廻る人（動き廻りながら仕事する人）であったということである。

河合が動き回った行先を大別してみると、①官僚時代や東大の助教授と教授の時代には、出張や在外研究でアメリカや欧州で長期間滞在し、精力的に研究活動をしたこと、②週末や長期休暇の時には、静かな環境を求めて箱根や軽井沢の宿に通い、猛勉強したこと、③国内をあちらこちらと旅行し、旅をしながら（日本文化や仏教などを）学び、読書し、執筆したこと、などである。

以上のまとめについて、若干、私見を付け加えておこう。

1つは、河合が行動的で、国内・外を駆け巡ったことは、彼の積極的な性格とアグレッシブな生き方の反映であったということであろう。

河合は好奇心旺盛で、何事にも興味と関心とを抱いた。これは、彼の勉強や学問研究に対する執念に通ずるものであった。何事も徹底的に追求し掘り下げ切らないと満足しなかったのであった。いわば彼は、完璧主義者であった、否、あろうとした。その余りにも強烈なエネルギッシュでアグレッシブな精神に彼の身体がついていけず、早世してしまったと言えるのではなかろうか。

2つは、余りにも頻繁に家を離れる機会が多かったために、書斎で静かに哲学する機会を持つことができなかったのではないかということである。

河合が毎週、必ず週末旅行に出ることにした理由についてはすでに引用したところであるが（22頁の注2）、河合の場合、〝毎週必ず週末旅行に出る〟こと以外に、遠出をする旅行が多すぎたのではなかろうか。

箱根や軽井沢の宿は、河合にとって〝移動する書斎〟ではあったと肯定的な説明をする人もいるが、その移動の時間と労力とを節約して自宅の書斎や研究室に籠もったならばどうであったか、と考えてみるのである。余りにも箱根や軽井沢へ行く回数、旅行する回数が多すぎたと考える。

３つは、これほど長い期間、これほど多くの回数、家を離れると、幾つかの点で家族に過度の犠牲を強いることになったのではないかということである。如何に学問が大切であるとしても、許容範囲を超えていたのではないかと考える。

v　健康に無頓着

その４は、河合は健康を過信し、健康の維持と保持とに無頓着であったということである。

河合は、若い時からすこぶる健康であったために、却って自分の健康の維持と保持とに不用意で不注意であった。しかし、頑健な身体も加齢につれて歪みを発生するに至った。それでも河合は、治療や静養を拒否して猛勉強を続けた。その姿は、まさしく〝学問の霊にとり憑かれた河合〟[1]のそれであった。学問に生き、学問に斃れた河合であったが、河合としては以て瞑するに足る、であったであろう。

(3) 塩尻公明から見た河合榮治郎像

ここでは、塩尻が恩師の河合榮治郎をどのように見ていたかについてまとめてみる。

i 河合を敬愛した塩尻

河合から手紙を受けとった塩尻は、河合を終生の恩師として敬愛し続けたということである。二人の出会いと交流は、塩尻が第一高等学校の2年生の後期の授業で講師の河合に出会い、その交流は河合の死まで続いた。この間に、河合は大学卒業後就職浪人していた塩尻を高知高校の講師に推薦したこと、さらに河合は塩尻にJ・S・ミルの翻訳の仕事や論稿執筆の仕事を与えたことで、二人の関係は師弟関係として強化されていった。

実際、塩尻は河合を、

> 自分の一生は色々の点で先生を離れては考えられないものであるが、自分の外的な運命もまた先生に依って大きく決定された。自分の一生を土佐に結びつけて下さった人は河合先生であった。(2)

河合教授によって、J・S・ミルを中心とするイギリスの政治思想の研究を外から強制される（?）ということがなかったら、私はついに自分の専門的研究というに近いものを、生涯もつことができなかったか

もしれない、(3)

と述懐し、河合の学恩を忘れることはなかった。

〈河合先生、唯一人〉

塩尻が如何に河合を尊敬したかを示している口癖がある。それによれば、塩尻は尊敬する人として宗教家の親鸞と道元、母（養母の卯女《うめ》）、現代の宗教家として蜂屋賢喜代《はちやよしきよ》師、憧れの人としてゲーテとベートーベンをあげていたが、先生として名前を挙げていたのが河合唯一人であった。曰く。

小学校以来沢山の先生達に教わったが、自分が心から先生と呼ぶことが出来たのは河合先生一人であった。…将来自分の思想が先生のそれとどんなに食違って来るようになっても、先生に対する尊敬はいつ迄も変ることはないであろう。(4)

これは、塩尻が終生にわたって河合を先生として尊敬していくという宣誓以外の何ものでもない。事実、塩尻が河合を尊崇することはあっても、また河合の文章を批評したりすることはあっても、直接的に批判したり酷評したりしたことはなかった。[5] 塩尻は大学の教師として生涯を終えるが、その彼が教師の目標としたのも河合であった。次のように書いている。

河合先生は、青年を愛するとはどういうことか、教師であるとはどういうことか、を身をもって示した典型の一人であった。[6]

真の教師は弟子によって超克されることを喜びとするものであるというが、しかし優れた教師は、生まれかわってでも来ない限り逆立ちしても及ばない、と弟子たちに思い知らせるような長所を何処かに持っているものではないであろうか。私にとっては河合先生はそういう先生であったことを痛感するのである。[7]

〈塩尻は河合と生きる〉

塩尻は年齢を重ねるに従って河合の偉大さを認識するようになり、河合の人格主義的な生き方に頭を垂れるようになったと書いている。

私どもから見ると、河合先生は実に類い稀な人格であったと思わざるを得ない。一面に於て内面的な魂の成長に対する深き関心が有ると共に他面に於て社会問題に対する熾烈なる関心がある。一面に於て右のような根本的な信頼感をもちながら、他面においてあくことのない改革的実践的意欲がある[8]。

先生は、単なる社会科学の学徒であるに止まらず哲学の学徒であり又思想体系の持ち主であった。自分の知る限りでは我が国に先生のような全面的な学徒は極めて稀であったと思う[9]。

私が30～40代の頃になってから、先生の人格主義というものにも本当に感心するようになりました。また先生が苛烈な時勢の中で身をもって実践された人格主義的実践にたいしては全く頭を下げる、ということになりました[10]。

晩年、塩尻が繰り返し取り出して愛読したのが河合の『唯一筋の道』の中の日記であった[11]。また塩尻がしばしば揮毫したり引用したりしたのが、河合の言葉（格言）又は塩尻アレンジであった（75頁の色紙参照）。

塩尻は、晩年に至っても、河合を慕いつつ生きていたのであった。

還暦の頃の塩尻公明

注

1 木村健康、前掲「河合榮治郎の生涯と思想」、144頁。

2 塩尻公明、前掲「河合先生の想い出」、232頁。

3 塩尻公明『あなたの人生論』学生社、1969年、145頁。

4 塩尻公明、前掲「河合先生の想い出」、237〜238頁。

5 前掲『河合榮治郎・伝記と追想』に収録されている（塩尻公明を除く）執筆陣の河合評は、河合について予想を超える厳しい評価をしていると思う。

6 塩尻公明、前掲「河合先生の思い出」、4頁。

7 塩尻公明、前掲「河合教授と『手近かの理想主義』」『現代随想全集』16巻、創元社、1954年、79頁。同『宗教と人生』社会思想研究会出版部、現代教養文庫、1955年、203頁。

8 同前、「河合教授と『手近かの理想主義』」、79頁。同、前掲『宗教と人生』202〜203頁。

9 塩尻公明、前掲「河合先生の想い出」、242頁。

10 塩尻公明、前掲「河合先生の思い出」、6頁。

11 塩尻公明「読書のいろいろ」『若き友へ贈る』現代教養文庫、182頁。そこでは、「私が最も頻繁によみ返すのは、『唯一筋の路』に収録されている河合栄治郎先生の晩年の日記である。はげまされ、刺戟される。」と書いている。

おわりに

終わりに当たって、河合と塩尻の師弟関係の核心を2つに分けてまとめておこう。

ｉ　河合の生き方を憧憬した塩尻

塩尻は高等学校の授業で受講した河合にその才能を認められ、読書会を通じて約1年半余りの指導を受けた。大学卒業後5年間の精神修業の浪人生活を送っていた塩尻は、河合の推薦で旧制高知高等学校の講師としてその職を得た。やがて塩尻は河合からJ・S・ミルの論文の翻訳と学生叢書への論文執筆の仕事を与えられる。塩尻は河合の期待に沿うべく全力を尽くし、その成果を『ベンサムとコールリッヂ』（同書の半分を占める164頁にも及ぶ「訳者序説」は力作）として世に問い、研究の世界で注目される評価を得た。まさしく河合に育てられ、成長して行った塩尻であった。

河合も当初から塩尻には一目を置いていたようで、塩尻の河合論文批評には妻をも同席させて耳を傾け、塩尻の随想集『天分と愛情の問題』を読んだ後には、〝あれはほんものだ〟と木村健康ら門下たちに漏らしたという。

塩尻は河合を〝唯一人の先生〟であると公言し、河合を学問研究の師であるとともに、人生の先達であるとして、その生涯を通じて河合を敬愛し続けた。

12通の手紙は、表面的に読めば、そのほとんどが研究活動に関する連絡のような内容に見えるが、その行間からは、激動の中で旺盛な研究活動に情熱を燃やす恩師河合と、その河合の全活動を阿吽の呼吸で受け止め、励まし、支え、労わって行こうとする弟子塩尻との清々しい関係──師弟関係──を読み取ることができる。

ii　河合の思想の核心を継承し深化させた塩尻

しかし筆者は、河合と塩尻との師弟関係をもう少し掘り下げて考えてみる必要があると考える。

筆者の関心は、河合が塩尻を指して、〝あれはほんものだ〟と言ったが、一体、河合が塩尻の中に何を発見して、そう言ったのか、という問題である。

敢えて私見を述べれば、それは、河合が最大の課題としていたのが「理想主義体系」構築であったが、その中核的概念として河合が探求していて、深め切れていなかった「人格の完成」の内実を、塩尻がもがき苦しみながらも本格的に追及しようとしているではないか、という〝驚嘆と歓喜〟の表現であったのではなかろうか。その気持ちが、『天分と愛情の問題』を書いた塩尻への称賛となったのではなかろうか。

事実、塩尻は人間性の分析を基礎とする人間観の研究に力を注ぎ、その成果に立脚する彼独自の「人格の完成論」を構築し、彼の多くの著作（人生論、随想文、教育論）として発表した。そして、その集大成が塩尻の最後の著書となった『民主主義の人間観』[1]であった。

塩尻と河合の「人格の完成」論の違いは、河合の「人格の完成」論が観念論であって、その域を出なかったのに対して、塩尻はそれを実証的に論じ、掘り下げたということである。[2]こうした掘り下げは、おそらく一燈園での修行生活の中で人間性の諸相について深く洞察した〝特異な体験〟を持った塩尻であったからこそ、なし得た方法であったのかもしれない。

河合の薫陶を受けた教え子たちは数多く、また彼らの多くはいろいろな分野で活躍し、中には社会的な意味での評価では旧師を超える研究成果をあげた面々もいたが、河合の理想主義理論の核心的問題であった「人格の完成」論を受け継ぎ、その内実を深めた塩尻こそ、河合の門下生の中でもっとも輝いた存在であったと言えるのではなかろうか。

注

1）塩尻公明『民主主義の人間観』社会思想社、1968年。

2）河合門下の音田正巳は「塩尻公明先生を偲ぶ」という座談会で、「河合さんは演繹的ですが、塩尻さんはむしろ人格とはこういうもんだなどときめてかからずに、われわれの生活、行動、人間性の実体を究めてそこから帰納している。だから河合さんは演繹的という意味では観念的なんだ。塩尻さんは帰納的という意味で実証的なんだ。アプローチの仕方にこういう違いがある」と語っている（音田正巳・伊原吉之助ほか「座談会　塩尻公明先生を偲ぶ」『社会思想研究』21巻7号、社会思想研究会、1969年、28～29頁）。ただ音田は、2人の研究方法の違いを「アプローチの仕方にこういう違いがある」と言っているが、このアプローチの違いこそ、理論の生命を決定する重要な問題であると考える。

第2章　塩尻公明と塩尻卯女―卯女の『おぼへがき』の考察―

はじめに

本稿は、塩尻卯女《うめ》の『おぼへがき』の判読を通して、卯女の生涯と思想とを明らかにし、彼女が塩尻公明の成長発達と思想形成とに及ぼした影響について考察して行くことを目的とする。

この作業を進めて行くにあたって、若干の説明をしておきたい。

塩尻卯女（戸籍名はうめ、１８７９・１・10～１９７５・７・７）は、塩尻公明の養母（義母）である。彼女は塩尻公明の生涯において最も大きな影響を与えたと言われているが、塩尻公明の評伝を執筆している筆者も、その感を深くしている。

公明がなぜあれほどまでに養母である卯女を慕い尊敬してやまなかったのか、また、なぜあれほどまでに彼女に素直であり従順であったのかという問題は、十分に解けないままに残っている。一体、卯女とはどういう女性であったのか、どういう生き方と考え方とを持っていたのであろうかは、塩尻公明研究者にとっては興味あることがらである。否、卯女の解明なしに公明を語れないとさえ言っても過言ではないテーマである。

ところが、卯女に関する資料はあまりにも少ない。それゆえに、卯女の研究的解明はまだほとんど手づかずの状態にある。

塩尻公明が1946年に書いた比較的長文の随想文「母の手紙」(1)で、卯女の68歳頃までの生い立ちと人となりについて書いているが、今のところ、その随想文が卯女に関するもっとも詳しい記述であると言えるであろう。(2)もっとも公明は、「母の手紙」以外の幾つかの随想文（感想文）において母（卯女）について触れているところがあるが、それらは、「母の手紙」の内容以上に、卯女の生い立ちや人となりを記述したものではない。

しかし、前に触れたように、「母の手紙」は卯女68歳までの生涯と思想との記録であって、96歳まで生きた卯女についての記録ではない。また、「母の手紙」でさえ、卯女の幾つかの事項を疎漏している可能性がある。それゆえに、卯女についての資料をできるだけ多く収集して、その空白部分を埋める作業が依然として残されている。未知の部分を埋め得る資料はどこにあるのか。

この場合の資料については、幾つかが考えられる。それを順不同に書いてみよう。

1つは、卯女の書簡（手紙、葉書など）である。公明が「母の手紙」で書いているように、卯女が公明に書いた膨大な数の手紙類は、空襲の火災によって焼失してしまったが、その後、卯女が公明や家族や友人たちに書いた書簡類はかなり残っているはずである。筆マメであった卯女のことであるから、その数は相当の数に登るであろう。今となっては遅きに失したかもしれないが、それらの書簡類を収集して、その内容を読み解くことが、卯女の生涯と思想とを明らかにし、卯女が公明に及ぼした影響を明らかにすることになるであろう(3)。

2つは、卯女の言葉を収集することである。卯女が家族や隣人や友人に語った言葉を収集して、体系化することである。96歳で亡くなった卯女であったので、また、卯女が接触した人々は多方面にわたっていると思われるので、それらの人々から卯女の語った言葉を聞き出すことである。それらは体系的でないかも知れない。断片的な言葉であるかも知れない。その何れであってもよい。それらを体系化・系列化することを試みれば、卯女の生涯と思想とを明らかにし、卯女が公明に及ぼした影響を究明することになるかも知れない。

3つは、卯女の日記や覚書などを発見することである。これらのうち日記、とりわけ他人に見せる目的ではなくて、自己の本心を綴った日記には、書いた日時の自分の考えや感想、それに社会状況や周囲の人々の動静などが記述されているので、有益であると思われる。

卯女は親しい人々（例えば、志岐吉勝ら）に自筆書写の「正信念佛歌」をプレゼントしていたが、その数は10通を下らないのではないかと推測する。プレゼント先を調べるだけでも、卯女の人的関係が解明できるであろう。

4つは、卯女について記述した文章を収集することである。この資料として筆者が入手している資料は、見常不二子『聖霊に燃え聖霊にひれ伏す―不思議な体験記』(4)である。他にも『塩尻公明先生を偲んで』(5)など、公明関係の資料の中に卯女について触れた資料がかなりの数、存在すると思われる。(6)

筆者が思いつく資料としては、以上の4種類である。問題は、今後どこまで収集できるかである。

さて、本稿で筆者が考察の対象とする塩尻卯女『おぼへがき』(文庫版ノート)は、塩尻公明のご遺族(二男)の塩尻弘雄・節子夫妻から提供されたものである。上記の分類で言えば、3つ目の資料に該当する。

1　『おぼへがき』について

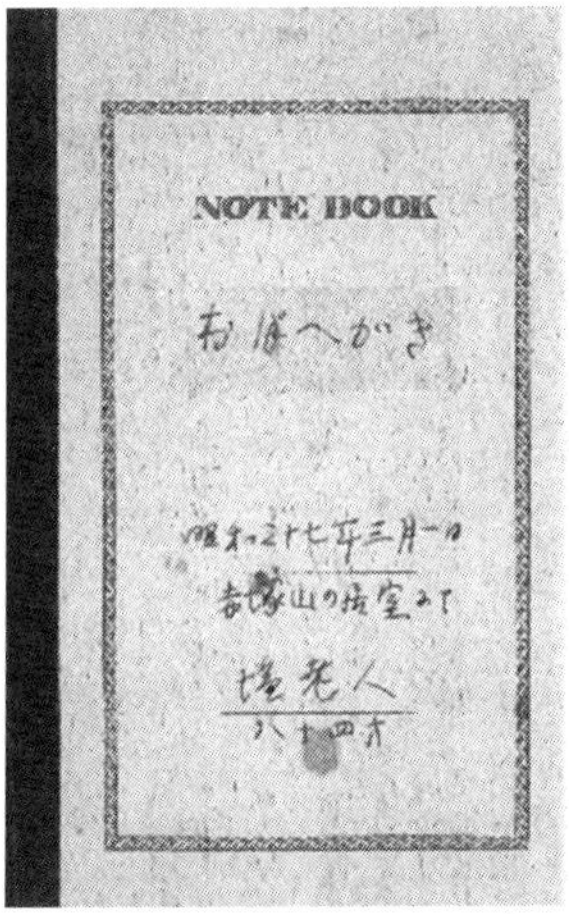

『おぼへがき』（A6ノート）

「おぼへがき」の頁

(1)　『おぼへがき』の概要

まず『おぼへがき』の概要について説明しておきたい。

『おぼへがき』の筆者は、塩尻卯女である。このことは、その表紙に「昭和37年3月1日　赤塚山の居室にて　塩老人84才」と書いていることから明白である。しかも、卯女が84歳の時に書き記したということも分かる。

正確な時期は分からないが、卯女は晩年、手紙などにおいて自分のことを塩老人と記してい
た。筆者が所有している卯女が書いた数通の手紙類においても、書き手の名前を塩老人と署名し
ている。

次に「赤塚山の居室にて」の「赤塚山」とは、塩尻公明一家がその当時住んでいた神戸市東灘
区赤塚山のことで、その自宅の居室でこの『おぼへがき』を書いたということである。

さて『おぼへがき』は、文庫版サイズの「NOTE BOOK」に約30頁にわたって記述され
ている。残りの頁には、「8月10日朝」に記した某女史宛ての手紙の下書き、昭和44年に順正寺
での三条先生の聞法会に参加した時のメモ書き、昭和44年9月12に大阪婦人会館での聞法会に参
加した時のメモ書き、がある。『おぼへがき』ノートの裏の表紙には、「昭和49年3月12日、久々
にてこの帳に出会ふ」という書き入れもある。

こうした日付から考えると、『おぼへがき』は昭和37年3月1日から書き始められて、一応、
数日間で書き終えられたと推測できる。しかし、文章の間や空白の頁に、後日、書き加えたと見
られる個所が数カ所あること、また、一度書いた文字や数行をペンで消したりしていることなど
を考えると、現在の『おぼへがき』になるまでには、かなりの日数を費やしたのではないかと推
測される。

以下もまた推測であるが、卯女は『おぼへがき』を「昭和37年」に書き上げた後、その後半部

分に、年代不詳の手紙の下書きをしたり、７年後の「昭和44年」の聞法会のメモをしたり、さらに裏表紙に５年（最初から換算すれば12年）後の「昭和49年…にてこの帳に出会ふ」と書き入れていることから判断すると、卯女は時々この手帳を思い出しては使用し、その後数年間は居室のどこかに大切に仕舞っていたのであろう。とりわけ裏表紙に書いている、久々に「この帳に出会った」という書き入れからは、数年ぶりに手帳を発見して、〝懐かしさ〟と〝嬉しさ〟と〝安堵〟とを表現していると読み取れる。このように、『おぼへがき』を書いた以後の追記を追っていくと、卯女はこの『おぼへがき』を貴重なものとして大切にしていたことが分かる。

今ひとつ興味深いことは、この貴重な『おぼへがき』が、卯女の孫夫婦になる塩尻弘雄・節子の手元で保管されていたということである。言い換えれば、この『おぼへがき』が、どのような経緯を経て塩尻弘雄・節子の手元に渡ることになったのであろうかということである。

この経緯について、節子は次のように教えてくれた。

（『おぼへがき』ノートは）父、新林晃一の遺品です。父は（卯女）おばあさんの話を折にふれて聞いておりましたので、それを書き留めておくことを勧めていました。塩尻家にはおばあさんの話に興味を持つ人がいなかったので、父のところに来たのかと思います。母の没後、千里の家を片付けていて見つけました。父も（『おぼへがき』ノートを）興味深く思っていたので大切に保管していたのだと思いますが、これは（草書または変体仮名で書かれているので）とても読めないものだと思っていたのではないでしょうか。

(2)『おぼへがき』を受け継ぐ

節子の話の内容をより正しく理解するために、若干の補足説明をしておく必要があるように思われる。

塩尻公明と妻一枝との間には、道雄、弘雄、親雄の3人の子息があった。しかし、新林晃一の話によると、塩尻三兄弟は、おばあさん（祖母）である卯女の生い立ち（生涯）や塩尻家の家系について余り関心がないようであること、自分（新林晃一）は、卯女が折々に話す話を聞いて興味深く思っていたので、その話を是非とも文書として書き残しておくように勧めた、ということである。

ここで新林晃一とは、公明の長姉（備藤静子→新林静子）の息子（二男）である。晃一の一人娘が節子である。その節子が公明の二男の弘雄と結婚したということである。つまり、公明の二男が公明の長姉の孫娘と結婚（注・いとこ半結婚）したということ、卯女との関係でいえば、卯女の孫の弘雄と、曽孫の節子とが結婚したということである。奇しきご縁ということであろうか。

新林の提案に背を押されるように、卯女（当時84歳）は、遺書を書くような気持ちで『おぼへがき』を綴ることになったのであろう。彼女がその執筆作業を開始したのが昭和37年3月1日であったということである。

結果として卯女は96歳まで生きることになったのであったが、彼女は最晩年になって、自分の遺品として『おぼへがき』を新林晃一に託したのであろう。執筆を勧めた晃一は、それを大切に保管していたのであった。節子は、父と母が没した後、新林宅の膨大な書類を整理したのであったが、その際に、父の遺品の中から『おぼへがき』を見つけて保存していたということである。節子は、「このようなノートを発見して、本当によかったです」と述懐していった。塩尻公明研究者としての筆者も、思わず「本当によかったです」と興奮したものであった。

筆者は、この『おぼへがき』が節子によって保管されるに至ったことは、卯女と節子との間に何か運命的な繋がり（ご縁）があったのではないかと思っている。というのは、節子が親族の一人として、幼い時から塩尻家に出入りして、卯女に可愛がられていたこと、また、その節子が孫である弘雄と結婚することになったことで、二重、三重にも塩尻家や卯女と深い関係を持つことになったからである。その上、節子が父母の膨大な遺品を整理した中で、たまたま小品である卯女の『おぼへがき』を見つけ、その大切さに気づき、保管しようとしたのであったが、それなどは、運命が卯女の『おぼへがき』を節子に受け継ぐように取り計らったのではないかと考えられるからである。

ともあれ、塩尻弘雄・節子夫妻によって卯女の『おぼへがき』が保管され、今回、資料として提供されたことは幸運なことであった。塩尻公明研究会や全国の塩尻ファン（シオジリアン）にとっても、この『おぼへがき』は第一級の資料であり、その提供は本当に「よかった」と喜び合いたい。

序に、ここでは触れないが、卯女から塩尻節子に送られた手紙類も数通あったことを追記しておきたい。

2 『おぼへがき』の分析

本節では、卯女の綴った『おぼへがき』の内容を紹介し、分析していくことにする。ノート書きという性質上からか、句読点や改行も法則的ではなく、内容的にも相前後した箇所がある（注・以下の記述では、筆者は、最小限の句読点や改行を行なった）。しかし84歳という高齢ながら、記憶の正確さに驚く。また、草書または変体仮名書きの文章は達意で達筆である。以下では、できるだけ時系列順（時代順）に記述していきたい。

(1) 『おぼへがき』を書いた理由

卯女が『おぼへがき』を書いた理由としては、以下の3つが考えられる。

1つは、弥陀のはからいによって生かせて頂いているわが身が有難く、その嬉しい心を今この時に感謝を込めて書き記しておきたいということである。

弥陀の心の有難さを書き記すということあろうか。手紙や文書の末尾に自分のことを塩老人またほ塩尻老人と書くようになった頃の卯女は、健康を害すると、死を覚悟することがしばしばあったようである。否、死を意識するようになったから、卯女は塩老人または塩尻老人と書くようになったのかも知れない。それはともあれ卯女は、いつも弥陀の有難いはからいによって自分が生かされていることに感謝していたようで、いわば1日24時間、南無阿弥陀仏三昧の篤き信仰者であった。

84歳を迎えた卯女が、たまたま流行の風邪をひいて死を覚悟しなければならなくなったが、幸運にも元気回復した今こそ、感謝の心を書いておこうと考えたということである。

卯女は、『おぼへがき』の冒頭で次のように書いている。

流行の風邪に見舞われて、2月25日午後から床中の人となる。26、27の両日は、とても咳深く、苦しむ。熱は余り出ず、37度5～6分位なるも、咳、痰、間もない様にて、一時はきっと肺炎となるのかと覚悟をせしものの。

大阪の御堂のできよる4月を前に、また、赤塚山の公明の家（の完成）も4月初めと聞きつゝ、見ぬうちにはどうも心残りでたまらず。でも時節の到来ならば、頂く外ないことと覚悟はしても、どうぞ御堂ができましてからと、心のどこかで念じている自分に心（気）づき、ただ南無（阿弥陀仏）と申すのみなりしが、28日の明け方から、急に気分軽くなって、夜明けとともに、また生きさせて頂けると嬉しい心地がした。

そしてその日、自由に自分のことができておった時のことがもったいなく、有難いことに思える。思えば、実に愚かな自分と申しわけもないかぎり…（…はママ。以下同じ）。

この場合、卯女は「時節の到来ならば、（死も）頂く外ないことと覚悟」していたが、弥陀のはからいで「生きさせて頂ける」ことになった今こそ、「自由に自分のことができておった時」の嬉しい心を記録しておこうと考えたと思われる。

2つは、卯女が自分自身の生い立ちを省みることを通して自己の生涯を検証し、残された生涯において求道心のさらなる深化を期したいということである。

塩尻卯女として84年も生きさせて頂けたお前は、どこからどのようにして今日が来たのかと、自分に初めて聞いて見たい心地がして、今は自分より外には年長者もなくなった今日、幼い時からのことを思い出してみたく、心覚えのままを…。

繰返しになるが、「塩尻卯女として84年も生きさせて頂けたお前は、どこからどのようにして今日が来たのかと、自分に初めて聞いて見たい心地がして、（中略）幼い時からのことを思い出してみたく、心覚えのままを…」という卯女の強い自我意識は、おそらく魂の救済に真摯であった宗教者、求道者であることから生起していると考えるが、この時代に生きた女性（人間）としても破格であるように思われる。

3つは、『おぼへがき』を書くことになったのはたしかに新林晃一に執筆を勧められたからという側面もあるが、卯女としてはこの際、自分史を通して副次的に塩尻家の歴史と伝統とをそれとなく次代の子どもたちに伝えようとしたのではないかということである。

このことは、「今は自分より外には年長者もなくなった今日」という文言や、『おぼへがき』を新林晃一に託したことからも指摘できるように思われる。

もっとも、自主的自発的に自分史や家族史を書くということは、これまた〝言うは易く行うは難《かた》し〟である。書くという作業には余程の決意と実行力とが必要であるからである。卯女の場合、『おぼへがき』の内容の一部分は、折々、家族や親族の人たちに話していたことであったろうが、〝それを文書にまとめてみては〟という勧めが新林晃一からあったことによって、改めて執筆を決断したことであろう。もし、そうした勧めがなかったら、この『おぼへがき』はなかったかもしれない。

繰り返すが、卯女は、この『おぼへがき』を第一次的には自分の求道のために書いたのであり、塩尻家の子どもたちに是が非でも読ませようという意図をもって書いたのではなかったということである。

(2) 卯女の生い立ち

〈武家の5人の末子として生まれる〉

これからの記述は、卯女の生い立ちについてである。

卯女は、両親について次のように書いている。なお、（　）は筆者が挿入したものである。

父は吉田農夫也（1832〜1883）といい、母は千代（1840〜1892）という。（父は）旧備中足守藩木下家の重臣として明治の初めに参議官を務め、廃藩置県の後は戸長として、また永禄社という士族の報還金を以て会社を興し、現在は足守銀行（注・その後、中国銀行に合併）として残っているはずだ。

卯女の『おぼへがき』によれば、父は吉田農夫也といい、江戸時代にあっては旧備中足守藩木下家の重臣であり、明治維新後は参議官を、廃藩置県の後は戸長を務めたということであり、足守銀行の前身である永禄社を興したということである。この経歴から見れば、父は行政官吏であり、実業家でもあったということであろう。(5)

さて卯女は、その吉田家で、兄２人（台之助《だいのすけ》・１８６２～１９３６、於菟之助《おとのすけ》・１８６６～１９２２）と姉２人（婦喜《ふき》・１８６４～１９３５、通《みち》・１８７２～?）の５人兄弟姉妹の末っ子として、足守町に生れたのであった。つまり卯女は、備中地方では由緒ある格式の高い武家の娘として誕生したということである。おそらく卯女は、この出自をその生涯において誇りとしたことであろう。卯女自身、筋金入りの気品を保ってその波乱万丈の生涯を生き抜いたが、その背景にはこうした出自が大いに影響していたと思われる。

〈5歳で父、13歳で母と死別〉

しかしながら両親は早世で、卯女が５歳のときに父が51歳で、13歳の時に母が53歳で亡くなった。それでなくても、末っ子は親との生活期間が短いのであるが、卯女もその例にもれず、13歳で両親を亡くしてしまったのであった。

卯女は、父の死去についての記憶を記録していないが、母との死別の時のことについて次のように回想している。

2年足らずで足守へ帰ってきた私は、13歳でした。母は大変に病人らしくなって居り、丁度、岐阜・名古屋あたりの大地震などがあって心配したり、兄の息子が4～5歳で裏門の近くの壷に落ちたりなどして、驚いて床の中におった母が思わず出たりなどのことがあり（心労が重なったのでしょう）。片身不随になって二週間ばかりして、夏の暑い暑い8月の16日にお参りしてしまいました。私は春（に足守に）帰り、母は夏に亡くなり（ましたので）、わずか半年足らず（の母との生活）で永別となりました。

その時、私はチブスに罹《かか》って40度も熱が出て、家田の叔母の世話になっておりました。母の死も、夢うつ、の感じでした。

卯女は、仙台や東京で2年ばかりの生活をして13歳の時に故郷の足守へ帰って来たのであったが、そのときには、母はすでに重篤な状況にあった。そのため、卯女は僅か半年足らずの生活で母と永別することになった。しかしながら不幸は重なるもので、母の死のとき、丁度、卯女自身がチブスに罹《かか》っていて、夢うつつの病床の中で母の死を知ったというのである。

〈仏前で〝お母さん〟〉

13歳で母を亡くした卯女は、「仏前にお参りしては、そっと、〝お母さん〟と呼んだことが度々でした」と書いている。また、遊び仲間と遊んで、夕方、それぞれが家に帰る時に、友達が門に駆け込むや、大声で「おかあさん」と呼ぶ声を聞きつつ、(母のいない)自分はそっと家に帰ったことが今でも思い出される、と書いている。

この辺りの事情について、卯女は公明にもしばしば語ったようである。公明は１９４７年に書いた随想文「母の手紙」の中で、ほぼ同じような内容の記述をしている。

母の一生を思い浮かべるときに、無条件的に圧倒的に自分の心を打ってくるものは、「寂しき人生」という感情であった。母は5歳の時に父親を失い、13歳のときに母親を失った。夕方になって、一緒に遊んでいた友達が口々に「お母さん」と呼び乍ら自分の家に走って帰るのを聞くと、何とも云えない寂しさに打たれて、仏壇の前に行って「お母さん」と低く呼んで見るのが常であったという。いつか涙を浮べて母が語っていた此の思い出話が、何か母の一生を象徴しているような気がしたのであった。(6)

公明はこうした「寂しき人生」を生きる母(卯女)に寄り添って生きた。しかし、母の「寂しき人生」は公明の寂しさに共通するものであった。公明自身も、抵抗しながらも、塩尻家の家督を継ぐために、中学生時代に備藤家から塩尻家に養子に来た身であり、備藤家の家族、とりわけ実母と距離を保って生きていたからである。彼は、その寂しさを次のように書いている。

自分という人間が救い難い寂しさを内に蔵《かく》している人間であり、その寂しさは永久に埋め難いものであると感ぜられるにつけても、母もまたそういう人間であると思われた。救い難い寂しさを内にもっている二人の人間が、その寂しさを語り合いつゝ、寂しい人生の道連れとなっている、これが此世に於ける自分と母とのつながりの姿である、と思われた。(7)

卯女は慈母であり、公明は聡明であった。しかも二人は、互いに相手の心を思いやる優しさを持っていた。このことは、お互いの寂しさを慰め合ったと同時に、寂しさを内に隠し押しとどめる役割をも果すことになったようである。

このことは、公明が、養母である卯女について「母の手紙」という表題をつけた長文の随想文をまるまる一篇充てているほか、その他の随想文の幾つかにおいてしばしば触れているのに対して、実父（備藤荘太郎）については一、二カ所だけ触れているに過ぎず、実母（備藤八重）に至っては、一切触れていないという事実に示されている。

おそらく思慮深くて賢明な公明は、養母に遠慮して、実父や実母のことを書くことを控えていたのであろう。養子問題が公明の「寂しさ」の一因であったことは、否定できないのではなかろうか。

(3) 卯女の受けた教育

〈教育熱心であった卯女の母〉

さて、卯女の『おぼへがき』から読み取れることの1つは、当時の武家、とりわけ上級の武家では、おしなべて子どもたちの教育に力を入れたということである。

吉田家の場合、父農夫也が早世したこともあって、千代（卯女の母）が子どもたちの教育について責任を果たしていかなければならなかった。以下では、その幾つかを卯女の『おぼへがき』から紹介してみよう。

その1例は、長兄の台之助は12～13歳の時から漢学の塾（坂田啓行塾）で23歳まで学んでいたが、当時の足守で23歳まで勉強を続けたということは、地元では最高級の学問をした人、いわゆる今日で言うところの超インテリであったということである。

その2例は、次兄の於菟之助《おとのすけ》が東京で高等教育を受けたことである。もっとも彼は5歳の年に父の弟の家田家に養子に入り、家田家を継いだので、家田家が教育熱心であったということになるが、それを見越して家田家に次男を養子に送ったと考えれば、母（と父と）がやはり教育熱心であったと言えるであろう。

この於菟之助は15歳位で上京して、工業系の高等教育（注・東京職工学校→現在の東京工業大学か？）を受け、23歳位で（建築）技師として文部省（現・文部科学省）に勤め、仙台の（旧制）第二高等学校の建築に従事し、そこでの仕事が終わった後は、文部省を辞めて、東京府、大阪府、奈良県、新潟県、静岡県などへ移っていったようである。その後の職歴は分からないが、おそらく彼は地方官吏になったのではないかと推測される。

その3例は、千代は次兄である家田於菟之助に卯女の教育を頼み、11歳の卯女を家田宅に送ったことである。このため卯女は、次兄の家田宅に約2年間寄宿し、仙台では立町小学校（注・現在の仙台市立立町小学校）に、東京では新宿区の赤城小学校に通うことになった。学校では、友達が皆、卯女を大切にしてくれたという。11歳から13歳までの都会（仙台と東京）での多彩で豊かな生活体験（例えば、歌舞伎見物など）と学校教育体験は、卯女の視野を広め、知見を深めるとともに、それ以後の卯女の活動範囲を拡大することになったと思われる（その卯女が13歳で帰郷して半年足らずで、最愛の母が病気で亡くなる。このことについては、すでに触れた）。

〈よく学んだ卯女〉

卯女の両親が教育熱心であったことは右に見たところであるが、吉田家の子どもたちもよく勉強したということである。吉田家の兄弟姉妹は皆、当時としては高いレベルの教育を受けている。

卯女の場合も例外ではなかったが、彼女が当時の、いわゆる中等教育や高等教育レベルの教育を受けたという記録はない。卯女の場合、学校としては当時の尋常小学校を終えただけであるが（当時としては、それも大したことであったが）、その後、手習い事や手仕事（技術）を習得している。具体的に言えば、結婚前では、読書（読み方）、裁縫、ねじ技術（ねじ師の技術）であり、結婚後では、お花、お茶、琴である。しかもそれらは、卯女のその後の生活に大いに役立っているのである。例えば、読書は、元々読書好きであったこともあるが、色々な書物を読んだり、難しい宗教書を読んだり、宗教の講義をする際に効果を発揮したはずである。

卯女の読書好きについて、また、その読書能力について、公明は次のように書いている。

母に就いて敬服したことの一つは、多忙の中にもよく読書したということである。…母はひまに任せて読んだのではなくて、ひまを盗み、ひまを作って読んだのである。若い頃、ひまもなく、又家庭の空気が宗教的雰囲気を好まなかった頃には、深更《しんこう》家人が寝静まってから、燈火に蔽いをして、宗教書類を読んだということである。…最近に、『鉄舟言行録』を人から借りて読んでいる様子を見ると、台所の仕事や隣組の用事などにつかれて夜は早くから寝床にはいることが多いが、翌朝は二時三時頃に起出して「好い本だ、好い本だ」を連発しながら朝飯時まで読んでいる。自分の青年時代に、専門教育を受けて英語も数学をもよく出来た伯母（母の姉）が、文字通りに珍糞漢糞で当惑している難解の宗教書類を、女学校も出ていない母がどんどん読んでゆくのを見て、その対照を面白く思ったものである。(8)

また例えば、裁縫である。卯女の裁縫の技術はかなり熟練したものであったようで、越後での母子の生活を辛うじて維持する助けとなった。この件について公明は、「よく雑務した母」の姿として、次のように書いている。

　自分が一燈園生活をやめたのち、僅かな貯金もすっかり無くなってしまったとき、母は縫物や編物の謝礼の金で、30近くになってまだ月給もとれないでいる大学出の息子を養って呉れたのであった。[9]

さらにまた、読み書きである。卯女は、いわゆる筆まめで、しかも達筆であったが、それは彼女が少女時代にしっかりした学習を修めた結果であったといえよう。これについて公明は、

　母は自分が中学校末期から高校、大学、一燈園にかけての8年間に書いた「手紙の数は約４００通、葉書の数は約３００通、合計約７００通であった。…仮に8年間にこれだけのものを書いたとすれば、平均して７〜８日毎に一度の手紙、10日毎に一度の葉書を書いたことになり、両者を通計すると4日に一度は自分への便りを書いていたことになる[10]」

と書いている。これなどは、卯女のわが子（公明）への愛情の深さもあるが、何よりも彼女が読み書きの力量を有し、類まれな筆まめであったことをも証明するものである。

(4)　卯女の信仰

〈仏教に親しむ〉

卯女が仏教の本に近づくようになったのは、10代末頃からであった。

卯女は『おぼへがき』で、長兄が趣味に走り、家族に心配をかけるようになったとき、彼女は兄嫁を気の毒に思い、

> 一時は兄を諫めるために、書置きを残して死を覚悟したこともありました。その頃から、私は仏教の書物を好むようになりました。それが今日の私を、この幸福に導いて頂けたものになったのだと思えます

と綴っている。

公明は、「母の手紙」の中の「母の求道心」の節で、卯女の信仰の芽生えを14～5歳、本格的な開始年齢を17歳であったとし、その後の求道心の深まりを次のように書いている。

生まれ乍らの豊かな宗教性に基づくものであろう、母の求道心は、随分早くから芽生えていたようである。14～5歳の時から好んで聴聞の座に加わっていたそうであるが、真剣に仏教を求める気持ちになったのは、17歳のとき、加藤咄堂氏の『本仏書像論』を読んでからのことであるという。また、早くから両親を失って寂しい境遇にあったことや、少女の時から優れた指導者に恵まれていたことや、結婚してまもなく死を覚悟して手術台に上がらねばならない程の危険な病気を経験したことや、更にまた、自分のような厄介な息子を持って人一倍責めさいなまされたということなどが、何れもみな、母の求道心を愈々刺激し練成することに役立ったようである[11]。

〈求道心の深まり〉

その後、卯女の求道心が着実に深まって行っていることは、『おぼへがき』の記述から窺うことができる。例えば卯女は、次のように書いている。

私は若い頃から自分が仏教をよろこび、聴くようになり、信ずるようになった時から、どうぞこの松の元へ阿弥陀様が座って下さるようにと念じていました。兄に会う度に、そのことを話して居りました。松の本へ小さいお堂を一室建てて、誰でも足守へ行く人はその家へ泊ることのできるようにと思い、一度は大正の頃、設計をしてもらったこともあるのですが、今は何事も、唯夢となりました。

「若い頃から自分が仏教をよろこび、聴くようになり、信ずるようになった時」と「松の元へ小さいお堂を一室建て」たいと考えた時とには時間差があると考えられるので、この文章から、卯女の年齢を確定することは難しい。しかしながら、「お堂を一室建て」たい、と卯女が考えた頃が「大正の頃」（１９１２〜１９２５年）であったと考えれば、その時期は、卯女が34歳〜47歳の頃であったということになる。

公明は、40代前期の母の求道心の強さを如実に示す事例を、「母の手紙」の中で、次のように紹介している。タイムラグがあるかも知れないが、参考になろう。

　乏しい時間を都合して法話を聞きに行きことを母が如何に楽しんでいたか、又聞法ということを如何に人生の一大事視していたかは、幾度か、聞法する母のお伴をしたことのある自分には、充分に推察することが出来た。今となってみると、このことは母に就いての最もこゝろよい、またなつかしい思い出の一つである。残された唯一の日記帖を見ると、御影の常順寺で開かれた大谷大学の諸教授の連続講義を聞きに行ったときの情景と感想とが、かなり詳細に書き記してある。「仕事が山のようにたまっているが、あとで何とでもして仕末をつける決心をして思い切って出かけたこと」「千載一遇と言う気がして有難く嬉しくてならず、阪急電車の中で一人で思わずにこにこと笑い出して、あとで気付いて、周囲の人々が気狂い扱いしなかったかと、きまりわるく思ったこと」「凡ての話が自分一人のためになされたような気がしたこと」など、いつもの母の姿をまざまざと思い浮かべさせる記事を連ねたのちに、…次のような感想の言葉を述べている。…

「三日間に亘って教を受けたことは、自分にとっては真に大きなことであった。けれども矢張り南荘先生の御教と其他の諸先生、中にも蜂屋先生の御導き、暁烏先生の御さとし等が皆今日此度の山邊先生の御話をよく味わせて頂くだけに私を育てて下されしおかげと、皆々の先生方に御礼を申度い心がする。[12]」

〈大慈悲の摂取〉

『おぼへがき』を書いた頃の卯女は84歳であったが、その最後の一節には、彼女の求道が究極の域に到達したような記述が散見される。以下に、その一例を引用する。

そして只今の私の上を思いまして、不思議な心地がいたします。今日でも尚御方便を頂いて、日々、あぶない、あぶない道を通らせられて居りますことを感じつゝ、一方、大慈悲の摂取を嬉しく有難く、只々南無（阿弥陀仏）と、御礼のうちに明け暮れて居ます。誠に不思議な私の一生を四方の皆様方にお礼申すのみです。よき師を御与え頂き、その上に、よき子を御授け頂き、自分の一生をもったいなく、もったいなく…（感謝する）のみです。

一度目《ひとたび》を空に向ける時の私の心の豊かさ、…。ほんとに自分一人のためにすべてが運行してあるかのような感じを頂いて、もったいないかぎり…。今日一日を大切に頂いて参りたいものと念願のみ。
御聖人様80幾つかの御時の御言葉を時々、幾度となく繰り返しつつ、自分の心のお恥ずかしさ、誠に皆々に対して相すまぬ事のみ。思いもかけず長命を頂くのも、日々新たに心（気）づかせて頂くためなのかと、…のみ。

念のために言えば、ここで「よき師」とは蜂屋賢喜代《はちやよしきよ》師、南荘乗海《なんしょうじょうかい》師、暁烏敏《あけがらすはや》師、山邊習学《やまべしゅうがく》師であり、「よき子」とは塩尻公明のことである。
なお公明は、70歳前の卯女が到達した宗教的境地を次のように表現している。

母の…考え方は、起り来った一切の事件を、凡て意味あるものとして肯定しようとすること、及び起り来らんとする一切の事件と一切の苦痛悲哀不孝とを、凡て真正面から受取ろうとすること、の二つである。母に於ては、凡てがよかったという感触と、凡てを受取ろうとする心構えとは、密接に結び着いているようである。そしてまた、此の両者の根柢には、一切の事件を通じて、自己と一切の衆生とを、涅槃の理想に向って誘引し育成せずにはいない大慈悲の力であるところの、仏の本願力に対する絶対の信頼が横たわっているのである。(13)

すなわち卯女は、起り来った一切の出来事にはすべて意味があると受け止め、それらの一切の出来事から逃げることなく、真正面から受取ろうとする不退転の心構えを持ち合わせていたということである。そうした卯女の感触と心構えとの根底には、「仏の本願力に対する絶対の信頼」、言い換えれば、他力信仰ががっちりと横たわっていたというのである。

(5) 結婚について

〈若林家に足入れ〉

卯女は『おぼへがき』で、自分の結婚について以下のように書いている。それは、いわゆる足入れ婚のようなものであった。

> 明治30年頃、梶谷の老夫婦に連れられて上京しました。その若林という家は芝区の桜川町というところにあって、門構えの大きな家でした。夫婦に男の子が3人、女の子が1人あって、長男に私をめやわす（注・妻《め》あわす、結婚させる）つもりで引き受けるのですが、長男は支那にいて居って、その前（に）帰国して、身体が悪く、入院中と聞きました。1月頃上京して間もなく、退院した人を見ると、誠に弱々しい人で、余り賢くもなさそうな人なので、私は毎日毎日どんなにしてか足守に帰して欲しいと思い続けており

ました。親たちは大変に大切にしてくれましたが、確か４～５月頃、〝足守へ病治療に〟と帰りました。足守では、病気保養ということで、近くの温泉などへも行きました。

その内に、若林（家）では父親が老衰のようで大病になり、ぜひ私に帰って１日でも看病して欲しいと申し越されて、止むなく、また私は東京へ。そして10数日の後、（父親が）死去しましたが、私が看病させてもらって喜びました。私も亦、やれやれと嬉しいでした。

その時、家田兄（家田於菟之助）が上京して…私の事情を聞いて（中略）皆と話して、私を連れて富山へ帰ってくれました。私は半病人のようになって、間もなく入院しました。

卯女は親戚の梶谷夫婦の紹介で、東京の若林家に「足入れ」をするが、結果的に、この「足入れ」婚は不幸に終わる。相手が「誠に弱々しい人で、余り賢くもなさそうな人」で、卯女の意中の人ではなかったからである。そこで卯女は仮病を口実に実家に戻ったが、若林家の父親が病気ということで、再度上京して看病をすることになったが、その甲斐もなくその父親は亡くなった。しかし、看護疲れから彼女自身が半病人になり、家田兄が富山へ連れて帰ってくれた頃には入院する身になってしまったというのである。

当時の結婚は、紹介人（仲人）を介した家と家との結婚であったので、こうした「足入れ」婚が珍しくなかったと思われる。ただ紹介人の言葉を信用して、これまで見たことも会ったこともない人に嫁ぐのであるから、当たり外れも少なくなかった。卯女の場合は、後者であった。もっとも卯女は武家の娘としてプライドが高かったという面もあったであろうが、相手は卯女の期待と余りにもかけ離れていた。

その時の卯女の気持ちは、「毎日毎日どんなにしてか足守に帰して欲しいと思い続けておりました」という記述に表れている。そして遂に、我慢ならずに、それを行動に移すのである。卯女の切羽詰っていた様子が読み取れる。卯女がこうした行動を決行した背景には、彼女自身が体調を壊し、病気になったことも加わっていたに違いない。

ここでも卯女を救ってくれたのが家田の兄であった。彼は卯女を自分の滞在先の富山へ連れて帰ってくれた。しかしその時、卯女はすでに「半病人」のような状態であって、「間もなく入院」しなければならなかった。この「入院」には大手術が伴っていたのではないかと推測する。というのは、公明が先に書いていたように、母は「結婚してまもなく死を覚悟して手術台に上がらねばならない程の危険な病気[14]」をしたとか、「母は若い時に背中に大手術をして未だに深い傷跡を残している[15]」と書いているからである。

この病気と手術とが卯女の人生を大きく変え、求道の道に進ませた要因になったと言えるかも知れない。しかし見方を変えれば、この病気と手術とが卯女と公明を結びつける要因となったとも言えるのである。人生は、故事にあるごとく、人間万事塞翁《さいおう》が馬と言える面があるからである。

〈塩尻級長雄に嫁ぐ〉

卯女は23歳の時に、備中の岡田村出身で、東京で勤務していた塩尻級長雄《しなお》に嫁ぐことになる。この結婚について、卯女は『おぼへがき』で次のように書いている。

明治34年、私の23歳の時、東京の水野と申す、足守藩の老人の世話で、同じ備中の人、岡田（村出身）の塩尻級長雄に嫁することになり、4月3日、叔母と兄（台之助）について上京いたしました。塩尻（級長雄）は高見（高見実家《たかみみのる》）の二男にて、兄は高見亀《ひさし》といって、その当時、時事新聞（時事新報）に勤め、編集長をして、後に大阪時事（大阪時事新報）をこしらえ（設立し）、日本で第一に夕刊を出したのが兄でした。……塩尻（級長雄）は（東京）砲兵工廠へ勤めて麻布に住居がありまして、そこへ、国（故郷の備中岡田村）から養母（柳・1844～1909）が参って3人で暮らすことになりました。

級長雄も高見家から塩尻家に養子に入った人であったが、その彼に卯女が嫁いだのであった。今回は、信頼できる家田の叔母と兄とが上京に同行してくれたので、卯女も安心であったであろう。かくして卯女は、東京麻布で、同郷の級長雄と自分と養母の血の繋がらない３人で新婚生活を送ることになった。

東京での生活では、塩尻家は、卯女の実家である吉田家の兄弟姉妹の子どもたちを預かって世話をしたり、備藤家の長兄（正）を預かったりしている。こうした世話は養母（柳）が取り仕切ったが、級長雄や卯女の理解と協力とがなければできないことであった。

卯女はその後も、親族のみならず、頼ってくる人々の世話をしたが、若い時からこうした体験をしていたからできたことであったのであろう。とりわけ卯女は、その時に、養母の寛大な世話精神から多くを学び、継承していったものと思われる。とにかく卯女は、その生涯において多くの人々の世話をしているのである。

若き日の塩尻卯女

〈級長雄の事業とその死〉

その後、級長雄は東京砲兵工廠を退職し、塩尻一家は大阪に移住した。彼が友人たちと共同で桜セメント（株式会社）を興すことになったからである。彼は、同社の創設と経営とに役員として参画することになった。同社は、当時、海外進出と軍需景気とを目当てに建設された幾つかのセメント会社の一つで、本社は大阪市東区高麗橋1丁目にあった。その工場は大阪港に臨む埋立地にあった。若き日の松下幸之助（パナソニック創業者）が、一時期、同工場で働いていたという。

先を急ぐようであるが、級長雄と会社のその後について述べておこう。級長雄は同社に22年間勤めたが、病に伏して数年間の闘病生活を送った後、１９２７（昭和２）年８月23日に亡くなった。享年55歳であった。級長雄のことについては、これ以上、詳しいことは不明である。これは、卯女がこれ以上のことを書いていないからである。また、養母の卯女については詳しく書いている公明が、養父の級長雄についていては、一ヵ所を除いて、触れたところがないからでもある。

このことは何を意味するのであろうか。推察の域を出ないが、以下に書いてみよう。

級長雄はいわゆるハードなビジネスマンで、いわゆる典型的な会社人間であったのではなかろうか。したがって、俗にいうところの悪い夫ではないとしても、家庭内のことは卯女任せで、そのために、級長雄の義母である塩尻柳（卯女の義母でもある）が全身不随の病気になっても、その世話と看護とを妻の卯女にすべて任せ放しにしていたのではかなろうか。家庭を顧みない義父の級長雄と、献身的に世話と看護とに尽くす義母の卯女とを眺めていた公明は、卯女を尊敬し、かつ同情的であったのに対して、養父の級長雄には反発とまではいかなくても、少なからずの違和感と距離感とを抱いていたのではなかろうか。

公明が備藤姓から塩尻姓に変えるのも、級長雄が亡くなる直前の１９２６年２月で、公明が24歳の時であった。この入籍の時期も、公明と級長雄との微妙な関係を暗示しているように思う。

なお、桜セメントは、級長雄が死去した翌月に倒産して大分セメントに合併され、さらに数度の合併を経て、現在の太平洋セメントに至っているようである。

〈卯女と祖母との麗しい間柄〉

卯女と祖母（姑の柳）との関係、すなわち嫁と姑との関係は、どうであったのであろうか。公明の書いているところによれば、卯女と祖母とは、結婚当初は信仰を巡って「時にはお互いに白い目で眺め合う」ことがないではない関係にあったが、それもほんの一時のことであったようで、祖母が南荘師の教えを理解するようになってから、まるで「人が変わった」かのようになり、二人の関係は「心の融け合った仲」[16]になっていったという。公明は、母（卯女）と祖母との〝麗しい関係〟を次のように書いている。

母に就いて自分がいつも気持ちよく眺めていた一つのことは、母と、塩尻家の祖母即ち母には姑に当たる人との、間柄の美しいことであった。母がお母さんと呼んで常に恋しがっていたのは、姑のことであった。此の祖母の思い出に就いては、母の口からも度々聞かされ、また手紙の上でも度々読まされて来た。

母の日記には、毎月13日のところには、必ず忘れることなく祖母のことが書いてあった。自分の手許に残されている母の唯一の日記帖は、ポケット用の小さな手帖であって、一日分のスペースは極めて狭少であるが、それでも13日のところには必ず祖母の記事が見えている。例えば、5月13日の欄には、「今日は13日、祖母様の御命日である。心斗《こころばか》りの御供物をなし、心にいつも母上を念じていた。」とある。失われた43歳の日記の9月13日のところには、かなり詳しく祖母の思い出が書かれていて、母と祖母との間柄を大体想像させるに足る文章であった。(17)

公明の「母の手紙」によれば、祖母は晩年、全身不随の病気になり、母は「殆ど一手で看護しなければならなかった(18)」ということであったが、卯女はその責任を果たして祖母（享年66歳）を見送った。卯女31歳であった。祖母が亡くなる時の言葉は、「おうめの病気は、すっかり私が持って行ってあげよう(19)」であった。これ以上の感謝の言葉があるであろうか。

(6)　卯女と公明

〈養女を迎える〉

祖母が亡くなり、夫婦二人（級長雄と卯女）になった塩尻家は養子を迎える決断をする。このあたりの経緯は塩尻公明研究者（と関係者）にとって最も興味と関心のあるところであり、且つ最も究明したいと考えていた箇所の一つである。しかし、このあたりの卯女の記述はすこぶる簡潔である。そこで以下では、文脈をわかりやすくするために、卯女の『おぼへがき』を基本として、筆者の知る限りの補足を加えていくことにする。

そこで以下では、卯女の『おぼへがき』から養子問題に該当する箇所を引用してみる。

母（祖母の柳）と別れました私には子供がなく、主人の兄で高見亀《ひさし》という、当時は大阪時事新聞の社長として東京時事から参っていました兄に、女の子ばかり4人あり、末に一人男の子ができまして、その三女を私の子として貰い受けました。生後1カ年足らずでしたから、牛乳を以て育てました。

この記述では、卯女は夫の級長雄の兄（亀）の三女（1908・4・29〜？）を「私（たち）の子として貰い受け」た、ということである。この子は「生後1カ年足らず」であったので、その子を「牛乳を以て育て」たというのである。

ただし塩尻家の戸籍謄本では、この養女の入籍はほぼ2歳頃（1910・2・6）になっている。この入籍の遅れは、「生後1カ年足らず」の養女を貰い受けて牛乳で育てたが、入籍の届出をしたのは彼女が2歳頃であったということを意味しているのであろうか。

〈公明を養子に迎える〉

次に塩尻家は、備藤家から四男の公明を養子に迎える。この記述も『おぼへがき』から引用しよう。

その子が12歳位の時に、塩尻家の清風梅宇《ばいう》と申す漢学の人、藩主の指導役であった人の息子（正忠）が同藩の備藤家を継ぎ、その人の孫に当たる公明という中学4年の息子を塩尻家の後継ぎとして迎えることが急に決まり、大正８（1919）年の1月に築港へ父親（壮太郎）に連れられて参り（ました。公明は）当時は岡山一中（現・県立朝日高等学校）在学中でしたから、岡山の寄宿舎へ帰り、その後は学校の休みにはいつもこちらへ帰ることになり、高校は東京（の）一高（旧制第一高等学校）へ行き、大学も東大（＝東京帝国大学法学部政治学科）を済ませました。

『おぼへがき』の記述通りに、塩尻家の家系を戸籍謄本に沿って整理すると、塩尻梅宇→備藤正忠→備藤壮太郎→備藤公明（備藤家の四男）と連なり、最後の備藤公明が大正８（1919）年に塩尻家に養子に入って、塩尻公明になったということである。

また、「公明という中学4年の息子を塩尻家の後継ぎとして迎えることが急に決まり」という記述であるが、実情は少し違うようである。というのは、公明の養子の話はかなり以前から塩尻家と備藤家の間で話し合われていたが、公明自身がなかなか承諾しなかったという経緯がある。[20]従って養子問題が「急に決まった」のではなくて、「やっと」決まって、公明は備藤姓のままで塩尻家に迎えられたということではあるまいか。それが、公明が中学4年生の時であったということである。ちなみに、公明が塩尻家に入籍するのはずっと後の1926年2月10日であり、公明が24歳の時であった。

また公明は、中学校5年生の時、一高への受験勉強もあって寄宿舎に入っていた。卯女の『おぼへがき』によれば、学校が休みになると、卯女たちが住む大阪の塩尻家に帰ってきたということであるが、中学校時代に公明がどれほど塩尻家に帰宅し、どれほど滞在したかについては、今のところ知る資料がない。

〈公明の初恋〉

たとえ公明が中学校、高等学校時代の休暇中に塩尻家に帰宅したとしても、そう長くは居なかったのではなかろうかというのが筆者の推測である。岡山一中は岡山であったから、そう遠くはなかったが、塩尻家に帰るようになったのは最上級生の5年生になった頃であって、受験勉強で忙しかったはずである。進学した一高に至っては東京にあったから、距離的にも遠く、帰省の機会は限られていたと思われるからである。

しかし、数少なかった帰省の時に、公明は塩尻家に養女として先に入っていた7歳違いの少女を可愛く思い、やがてその少女に好意を抱くようになった。しかも、この好意は公明が一高生になった頃には、思春期の男女によくあるところの淡い片思いの域を超えて、燃えるような初恋にまで炎上してしまった。

〈初恋は、片思いに終わる〉

しかし、この初恋は公明の片思い（失恋）に終わる。否、もともとこの初恋には、初めから無理があったと思われることである。

1つは、公明が好きになった女性というのは、たかだか10歳か11歳の少女であって、恋愛感情を理解するまでには達していなかったからである。言い換えれば、恋愛感情を理解するには、少女は余りにも幼すぎたということであった。

2つは、少女は義理とはいえ、公明の妹であり、日常生活では二人は家族同士であったからである。

家族間では、家族愛は育っても、恋愛感情は生まれにくいであろうし、育ちにくいであろう。たとえ妹が兄を尊敬することがあっても、それはあくまでも兄妹愛であって、恋愛感情としての愛ではないであろうからである。

この理由が正鵠を射ていることを裏書きするような出来事を、公明自身が回顧しているところがある。以下の事例がそれである。

最難関の一高にトップ入学し、クラスでトップの成績を維持していた公明は、学校祭の時に上京した母の口から、彼女が「お兄さんは一高に行っても一番だから、やはりえらいわね」と言っていたという話を聞くに至り、彼女の心を得ることができたと早合点してしまう。しかし、彼女にとって公明は一高で首席を続ける成績優秀なお兄さんではあっても、恋人の対象ではなかった。彼女は公明を避ける。そして生涯にわたって、避け続けた。

公明はこの失恋の悲劇を、自叙伝的随想文である「眼を閉じて切る」で、次のように回顧している。

悲劇の出生は…自分が高等学校に入学した当座の頃に遡《さかのぼ》る。自分が彼女に会わなかったなら、自分の一生はまるで別のものであったろう。コンディションは最も意地悪く悪魔の巧《たく》らんだような巧《たくみ》さに出来上がっていた。…かの牧歌的な感情は、自分の場合…激しい現実的な残酷な失望と変わった。更に世の男達の心の醜さ、また女の心の醜さ、凡て人間社会なるものの実相の醜《みにく》さ、最後に自分自身の心の底知れぬ醜さを次第に自覚して来たことは、必然的に自分の愛欲にも次第に醜い複雑さを加え、同時に幾多の変態的な精神的痼疾《せいしんてきこしつ》を造ったのである。(21)

また彼は、随想文「母の手紙」で、どうしても少女の心の得られない自分の悲運を、次のように嘆く。

相手の心さえ変わって呉れれば万事は解決するように見えるが、そのことは相手にとっても生まれ変わって来ない限りは出来ない相談なのである。此の苦しみに依って、自分は初めて、他人の心が、小さな少女の感情ですらが、自分の命をかけての熱望を以てしても自分の思い通りには動かぬものであることを知り、鉄の如く固く冷たく曲げ難い運命の力にふれたような気がした。(22)

公明は、少女の心を変えられないことを承知しながらも、自分自身の心を統御できなくて苦しむ。失恋の苦しみは、公明の生まれつきの一元論的性格、すなわち「一生に唯《ただ》一度唯《ただ》一人の人に」というゾルレンによって増幅した。彼はこの失恋の後遺症《こういしょう》で、生涯にわたって苦悶することになる。

加えて公明を失望のどん底に陥れた要因が、今一つあった。それは、天分の問題であった。ただし、この問題については既に触れたことがあるので、ここではこれ以上触れない。(23)かくして公明は、その当時の心境を、次のように書くに至る。

人生の出発点に於いて既に此の2つの問題に突き当たらなければならなかった自分は、よくよく業の深

い者というべきであろうか。最早普通人の普通の精神生活は自分には期待し得べくもなかった。(24)

勝他心を満たしてきた公明にとって、失恋（と天分の）問題は初めて体験した挫折であって、それだけに彼の失望と落胆とは極めて大きなものであった。

〈卯女の苦悩と努力〉

こうした公明と養女との関係を気遣いながら見守っていたのが、卯女であった。卯女にとって、公明は息子、養女は娘であった。間に挟まった母の苦悩は想像を絶していたに違いない。公明はその時の母の姿を次のように書いている。

そばからはどうすることも出来ない苦しみに昼も夜も責めさいなまれるようになった息子を、じっと見守っていなくてはならなかった母の心は如何に悲しかったことであろうか。息子と共に苦しむということしか出来なかった。(25)

もっとも卯女は、拱手傍観《きょうしゅぼうかん》していたのではなく、何とか二人の仲を持とうと苦心し努力した。公明は母のそうした努力を次のように書いている。

いう迄もなく、神仏に祈って自らは手を拱いていたというのではない。自らの信念に訴えて、出来る限りは自らの手で息子の苦しみを打開しようとして、涙ぐましい努力を続けたのであった。[26]

卯女の「涙ぐましい努力」とは、公明への励まし、心配と信頼とを綴った多数の手紙とハガキであった。公明はそれらの貴重な母からの手紙のすべてを大切に保存していたが、１９４５年７月４日のアメリカ軍機による高知市への空襲で、高知高校の校舎焼失の時にそのすべてを焼失してしまったという。[27]

ただし公明の記憶では、卯女からの多数の手紙の中には、「実際に即した智慧を以て、自分に色々の具体的な方策を勧めて来た」[28]手紙があったという。それらは、例えば、「今度休みに帰るときには斯く斯くのものを（彼女に）土産に買って来ておあげなさい」とか、「斯く斯くの手紙を（彼女に）書いておあげなさい」という提言であったという。[29]

〈恋愛音痴の公明〉

しかしながら公明は、「そういう方策を実行したことはたゞの一回もなく、又打ちとけた広々とした気分を以て彼女に接したことはたゞの一度も」[30]なかった、という。

卯女としては精一杯の提言であったであろうが、公明はただの一回も、ただの一度も実行しなかったというのであるから、離れた彼女の心を引き寄せることなどは出来るはずもなかった。それでいて公明は、彼女の方から自分に向って恋心もしくは愛情をもってくれることを要求し熱望していたのであった。

この点で公明は、いわゆる完全なる恋愛音痴であったと言えよう。これでは、失恋もやむなしである。もっとも、公明が卯女の提言に従って実行していたとしても、彼女の心を引きつけることができたかどうかは定かではないが。

〈公明の修行生活〉

その後、公明は悩みに悩む。彼は、精神的苦悩を解決すべく修行生活（浪人生活）を5年余り送る。すなわち、大学卒業後は一燈園に入門して托鉢修行→越後の曽根村での百姓生活と読書生活→大阪府池田市の順正寺《じゅんしょうじ》での座禅修行である。

しかしこの時期は、塩尻家にとっても変化の激しい、また、災難続きの数年であった。それを卯女の『おぼへがき』に従って整理すれば、おおよそ次のようになる。

〈彼女が塩尻家を去る〉

その1は、「娘との折り合い悪しくなり、女学校が済んでから東京の親類に預けて、学校へ通わせ」るようになったことである。

これは、卯女と養女との関係が悪くなり、養女が塩尻家を捨てて、東京へ出て行ってしまったということである。関係悪化の原因について卯女は何も語っていないが、公明と養女との気まずさ、後で見るように、級長雄の病気、さらに彼の会社の倒産などが関係していたのかも知れない。

なお、養女は東京の親類宅から女子の高等教育機関へ通ったということであるが、その後、彼女は元の高見姓に戻り、再び塩尻家に戻ることはなかった。

〈義父の死と公明の入籍〉

その2は、級長雄が病気になり、数年間、入院治療をしていたが、遂に亡くなった（1927年7月23日）ことである。

この数年の間に、公明の身辺にも変化が生じたということである。その①は、公明の塩尻家への入籍である。おそらく級長雄の病気回復が難しくなったという事情があったのであろうか、入籍を渋っていた公明が、遂に1926年2月10日付で塩尻家に入籍することになった。その②は、父の死去に前後して、公明が一燈園を退園したことである。

〈塩尻家の破産〉

その3は、級長雄が病気療養中に、彼が役員をしていたセメント会社が倒産し、株券も無価値になってしまったことである。

塩尻家は大阪から移転して、一時期、精道村芦屋山角1088番地に住んでいたが、級長雄の死と会社の倒産によって、建築中であった家も完成しないままに人手に渡ってしまい、卯女と公明とは遂に新居に住むことはなかった。

〈財産を三等分にする〉

その4は、級長雄の保険金（卯女は、その額を「少しの保険金」と書いている。）を、卯女、公明、養女で三等分したことである。

長子相続が主流であった当時にあって、親子が「三等分した」ということは画期的なことであったのではなかろうか。ただし、卯女の分け前は借財の返済でなくなり、その後の卯女と公明との二人の生活費は、公明の分け前で賄うことになった[31]。

その5は、先に少し触れたことであるが、級長雄の死後、養女は実家（高見家）に戻ったことである。協議離縁の届け日は、1929（昭和4）年3月15日であった。

〈卯女と公明の同行二人〉

その6は、一燈園に入園中の2年半を除いて、公明の修行生活に母が常に付き添い、同行したことであった。

まさしく卯女と公明の二人は、人生における同朋同行の母子であった。越後での生活、順正寺での坐禅修業生活、長かった公明の高知高校教授時代の生活、京都大学への内地留学等において、公明の傍にはいつも卯女が付き添っていた。

以下、卯女が『おぼへがき』で記している内容に沿って、その生活の幾つかを見て行くことにしよう。

〈越後での生活〉

卯女は『おぼへがき』で、「越後のお友達が〝来い、来い〟と申して下さるので、新潟県の西蒲原曽根という町へ参り、公明はまた懸命に勉強することになり、この地に1カ年半ばかり居りまして」と書いているが、これは、二人の越後行のことであった。「越後のお友達」とは、公明の一高・東大時代の親友であった苅部一衛のことである。

時は1927（昭和2）年10月で、卯女と公明の二人は神戸での生活をすべて整理して、荷物全部と一緒に苅部宅を訪問したという。これには、当時、肺結核で東大を中退して郷里で療養中であった一衛もびっくりしたことであろう。しかし、彼と彼の家族（苅部家も、その当時は母子家庭であった。）は、二人を快く迎え入れた。当時の苅部家は、決して余裕のある生活ではなかったはずであったが、二人を心から歓迎した。一衛と公明の友情の厚さと美しさとに感心する。

〈晴耕雨読の生活〉

卯女と公明は、数日間、苅部家に居候をしたが、間もなく苅部家の近くの村田酒屋が所有する三番町の長屋の借家に移った。そこで公明は読書三昧の日々を送りながら、時折、苅部家の百姓仕事を手伝った。卯女は僧籍を持たないものの、近隣の人々に浄土真宗の説法をしては信者を得ていた。

二人の越後での生活は約1年半で、二人は大阪に帰ることになったが、越後との縁は、その後も長く続くことになった。公明と卯女は、その後も苅部家を何度か訪問している。公明の場合、苅部家に籠もって何本かの原稿を執筆している。卯女に至っては、説法のために当時の近隣の人々からしばしば招聘されている。

塩尻公明と塩尻卯女（1955年）

〈苅部一衛のその後〉

ここで、苅部一衛のその後について追記しておこう。彼は病を癒えてから医学を学ぶために上京し、東京医科大学で学び、卒業後は大阪の刀根山病院に勤務し、敗戦後は郷里に戻り苅部医院を開業して地域医療に貢献した。人徳篤い彼は地元西川町の町長を一期務めたが、その後は悠々自適の生活を送り、登山や国内・国外への旅行を楽しんだ。晩年、一衛は、塩尻公明を慕うグループが結成した「塩尻公明会」の会長に推挙され、亡くなるまでその地位にあった。会員からは、亡き公明と同じくらいに慕われた。

なお、苅部医院は娘から孫へと引き継がれて、現在もJR曽根駅近くで開業中である。

〈順正寺で坐禅〉

先に書いたように、越後での生活は約1年半で、1929（昭和4）年6月に、二人は大阪に帰ることになった。越後から大阪へ戻る決意をしたことについては、所持金を銀行倒産で失ったこと、不景気が農村にも蔓延してきたこと、苅部一衛が上京したことなどの理由が考えられるが、蜂屋賢喜代師の勧めが大きかったようである。しかし大阪にも神戸にも、二人の住む家はなかった。二人は、蜂屋師の紹介で順正寺（現・池田市）に部屋を借りて住んだ。

同寺で公明は坐禅の修業生活を、卯女は「公明を頼らずに、専心、聞法《もんぼう》」する生活を送ることになった。

ただし、二人の生活には余裕はなく、持ち金も底を突いていた。

公明の哀れな生活を見かねた一高時代の友人鈴木政造が、就職の斡旋を恩師の河合榮治郎に頼んでくれたのも、この頃であった。

〈卯女は養女宅を訪問〉

高見家に戻った養女は、この頃には結婚していたようである。数年間の時の経過があったものの、卯女と養女との関係は、切れてはいなかった。養女にとって、20年近くも育ててくれた卯女は実母ともいうべき存在であったし、卯女も、養女は乳呑子の頃から育てた実の娘のような存在であったからである。卯女は、たまたま北摂に住むようになった養女の家庭をしばしば訪問しては、養女一家と良好な関係を保ったということである。

公明を愛しながらも、公明の片思いの相手であった養女を娘同様に気遣う卯女の行動は、一見、奇妙な行動のように思えるが、卯女はそういう大まかな心をもった女性であったのだ。

〈『おぼへがき』は1929年まで〉

卯女の『おぼへがき』の記述は、時代的には１９２９年あたりで終わっている（ただし、最後の部分では、卯女がこの『おぼへがき』を書いた１９６２年頃の、すなわち卯女が84歳頃の、境地を書いている）。卯女がここで『おぼへがき』を終えているのには、何か理由があるのであろうか。

この疑問については、まとめて論じることにして、ここでは話を先に進めることにしたい。１９２９年といえば、卯女にとっても、公明にとっても、その後の人生の方が長いからである。

〈公明、高知高校に就職〉

以下では、その後の卯女と公明の生活について若干の補足をしておこう。

公明は恩師の河合栄治郎の紹介で、１９３０年3月に旧制高知高等学校の法制経済の講師（半年後に教授に昇進）に採用される。当時の公明の生活状況はどん底状態にあり、大阪から高知までの交通費も事欠く状態で、友人たちが工面してくれたという。

ちなみに、公明の教授会における就任挨拶は、「失恋の苦しみを持ち続けている男であります[32]」という奇妙なものであったという。

〈猛勉強の塩尻公明教授〉

高知高等学校における公明の学究的生活は、「一四の法則」（注・毎日、1時間の座禅と4時間の勉強の実行。実行できないと負債として翌日以降に持ち越す。）の忠実な実行に見られるように、〝寸暇をも無駄にしない猛勉強の生活〟であった。「一四の法則」は一泊二日の新婚旅行でも実行されたようで、新妻は「新婚の一夜も何も変わったことはございませんのね」と公明に言ったという。(33)

塩尻の授業と指導とは誠実で、且つ行き届いていて、学生たちを忽《たちま》ちにして虜《とりこ》にしてしまう人気を博し、彼はまもなく旧制高校の名物教授となっていった。研究的には『ベンサムとコールリッヂ』（有斐閣、1939年）やJ・S・ミル研究で研究者としての名声を確立するとともに、戦後は、自由と民主主義に立脚するヒューマニズム溢れた多数の人生論で、全国の青少年の憧れの評論家となっていった。

〈その後の卯女と「おめぐみ帖」〉

一方、卯女は基本的には公明と同居しながらも、経済的には独立した生活をするようになったようである。すなわち卯女は、蜂屋賢喜代師をはじめとする宗教家の聞法会に参加するとともに、或る時には、玄人はだしの宗教家として各地の信者から招かれて浄土真宗や阿弥陀仏の説法をしたり、或る時には、家庭生活の相談にのったりして、自分の暮らしを維持するのに十分な収入を得ていたという。彼女は彼女なりに、逞しく、しかも生き甲斐のある生活を送るようになっていたのであった。

公明は「母の手紙」で、この頃の母の生活状況を次のように書いている。

道心に衣食ありということを母は信じていたが、このように東奔西走する場合に、その間の旅費や生活費などに就いては、息子に依存することは殆どなかった。…母は『おめぐみ帖』と題する手帳を幾冊となく持っていて、色々の人からめぐまれた小遣いや電車の切符や食べ物や着物などに就いて、丹念に記録していた。…行く先々で相談事にのったり、女中達の指導者になったり、家事の手伝いをしたりして、自分の家にいるとき以上に体の無理をしていた…。(34)

こうした卯女の生活は、公明が就職してからもずっと続いたようである。

〈互いに尊敬し合う母と子〉

旧制高知高等学校の教師になった公明であったが、母の苦労については気がつかなかったうかつさを「自分の僅かな月給の中からそういう費用を充分に支弁することは到底出来ないことであった(35)」とか、「母は自分を育てるために精神的にも経済的にも人一倍の苦労をしたのに、自分は母に対する扶養の義務を殆ど全く忘れていたのであった。また、まるで自分が養う必要のない人であるかのように考えて来たのであった(36)」と書いている。

しかし、これは塩尻独特の謙遜で、自分を親不孝者のように書いているが、実際には、公明は母を大切にし、母に対してはできる限りの援助をしていたはずである。母思いの公明には、苦労をかけた母に対していくら尽くしても尽くしているという手ごたえがなかなか得られなかったのであろう。

卯女の方は、もともと金銭的な苦労を苦労とも思わない性格であったことにもよるが、公明の気遣いや援助に感謝している。このことは、彼女が公明へ書いた手紙の中で、「我儘な外出をしていつもお前に不自由をかけて相すまぬこと」「斯様に聞法の旅が出来、かように幸福者にさせて貰ったのも、お前に養って貰っているお蔭であること」「いざというとき、また病気の時など、いつでも帰ってゆくことの出来る家のあることの有難いこと」「最後の拠所があればこそ、何処へ行っても安心して置いて貰えること」などと書いていることから明らかである。[37] 卯女は卯女で、自分を見守っていてくれている公明に感謝していたのであった。

このように、公明と卯女とはともに自己の仕事に精進しながらも、相手に対する自分の不義理を詫びつつ、相手の心遣いと配慮とに感謝し合うという関係であった。

3 『おぼへがき』の価値と考察

(1) 『おぼへがき』の価値

『おぼへがき』には、幾つかの価値を見出すことができる。それを箇条書きにしてみる。

〈卯女も生い立ちが鮮明に〉

1つは、卯女の自筆になる『おぼへがき』から、彼女の生まれや、その後の生い立ちがより一層鮮明になったということである。

これまで卯女の生い立ちについては、公明の「母の手紙」が一番詳しかった。否、それしかなかったというべきであった。しかし、この『おぼへがき』によって、「母の手紙」の記述が正確であったことが確かめられたことのみならず、さらに、そこには記述されていなかった多くの新しい事実を発見することができたことである。

晩年の塩尻卯女（1959年）

〈卯女の驚異的な記憶力〉

2つは、『おぼへがき』の内容が正確であることから、卯女が驚異的な記憶力の所有者であったことが分かるということである。

しかも、卯女が84歳の時に、この『おぼへがき』を書いたということを考えると、その記憶力の良さにただただ畏れ入る。筆者はこれまで、塩尻公明についての評伝を書き終えるたびに、公明についての略年表を作成してきているが、卯女の記述をそれに照合してみても、両者がほとんど一致していていたということである。筆者としては、事項の確認と追認とができたという思いである。

〈『おぼへがき』の目的〉

3つは、卯女がこの『おぼへがき』を書く目的をはっきりと意識していたということである。

卯女が『おぼへがき』を書いた目的については、幾つかのことが指摘できる。

その1は、卯女が自分の生い立ちを記録して家族に残すということである。

確かに、『おぼへがき』の中心は、その名が示すように、卯女の覚書であり、その中心人物は卯女である。しかし、『おぼへがき』の全篇を流れているのは、卯女の誕生と生い立ちの記述だけではなく、自分をも含めた塩尻家の歴史である。したがって『おぼへがき』の目的をもう少し大きく捉える必要があると考える。

その2は、塩尻家の歴史を家族に伝えるということである。

これは、新林晃一に勧められたこともあって、卯女が塩尻家の歴史を最も古くから知る者として、その生存中に塩尻家の家系の流れを記録に残そうとしたということである。これは、『おぼへがき』として記録に残しておけば、今は塩尻家の歴史に関心の薄い孫たちも、いつかは自分たちのルーツを知りたいと思うようになるのではないか、その時には何らかの役に立つであろうと考えたということである。

〈求道への精進を新たに〉

その3は、本稿では考察を省略したのであるが、『おぼへがき』の後に卯女が書きこんだメモ書きや「手紙の下書き」から判断すれば、卯女がこれまでの自分の求道を反省し、これからの求道へのさらなる精進を新たにするということである。

『おぼへがき』の後半部分に卯女が書き込んでいる内容は、阿弥陀仏に対する感謝であり、自己のこれまでの求道姿勢の反省であり、これからの求道への精進を新たにするということである。

また、後半部分にある「手紙の下書き」には、慎重に言葉を選びながら、相手に自分の主張を的確に伝えることができるかを再確認しようとする用意周到さが窺える。

さらに、末尾の頁の聴聞メモは、あたかも講義メモのような記録である。それらは感動した言葉や重要な語句のメモであり、それらの選別には卯女の高い理解力と深い宗教的感受性とが示されているように思われる。

おそらく卯女は、その死の寸前まで心の若さを失わず、論理的な考え方ができ、記憶力も衰えることがなかったのではないかと推測するが、その異能の秘密は卯女の強靱で真摯な求道精神と限りなき人間的成長への意欲とにあったのではなかろうか。卯女にとって「ノート」執筆や、手紙とハガキの執筆は、効果的な自己学習と自己修養の機会であったのであろう。

〈「ノート」に記録する習慣〉

4つは、卯女は「ノート」に日々の記録やメモ的日記を書く習慣を持っていたということである。

公明も「母の手紙」で、母は『おぼへがき』と同じような文庫本サイズの「ノート」を手帖としてよく使用していたと書いていた。実際、卯女にとって、この種の「ノート」は日々の思いや出来事を書き込む手帳であった。それらのうちの1冊が『おぼへがき』であり、またその1冊が「おめぐみ帖」であったというわけであったのであろう。

卯女が日常の出来事や思いや大切な事項を「ノート」に記録するという習慣は、元々卯女の几帳面な性格に由来するものであったと言えるが、彼女が若い時から宗教の講話を聴く機会を持ったことや、幾つかの会社に勤務した体験があったことから身に付けることになったのではなかろうか。

〈「ノート」使用は柔軟に〉

５つは、卯女の「ノート」使用法は、柔軟であったということである。

これは、卯女の「ノート」は形式の決まった日記帳ではなくて、思いついたことを思いのままに書き付けることのできる自由自在な「ノート」（Ａ６版、文庫本サイズ、用紙数全32枚）であったということである。

また、『おぼへがき』に見るように、ややまとまったテーマでかなりの頁数にわたって書き込むが、それでもまだ空白頁が残っている場合には、空白のままにしておくということである。

(2)　『おぼへがき』の内容への問いかけ

ここで、筆者がさらに問いかけたい質問は、次の二つのことである。

１つは、『おぼへがき』には貴重な内容が書かれているが、同時に、書かれていないこと、また、意図的に書かれていないことが幾つかあるのではないかということである。

2つは、もしそういう事柄があるのであれば、その理由は何であるのかについて知りたいということである。

以上の2つは、実は同じ質問の表と裏ということであるが、以下では、その質問を筆者なりに指摘してみることにする。


〈なぜ初等教育だけで終わったのか〉


1つは、吉田家の父母は教育熱心であって、兄弟姉妹は当時としては高い学校教育を受けているのに、なぜ卯女だけが初等教育だけで終わったのであろうかということである。もっとも明治10～20年代においては、女子教育は必ずしも盛んではなかったという事情はあったことを承知のうえであるにしても、である。

このことは、卯女が無教育であったとか、無能であったとかと言っているのではない。むしろ、逆である。彼女ほど理知的で進取の精神に充ちた少女が、なぜ最先端の学校教育を受けなかったのであろうかという疑問である。実際、次兄に教育を依頼し、仙台や東京において、田舎の小学校教育では味わえない新しい小学校教育を受ける機会を得たことを考えると、なおさら問いかけたいのである。

考えられる回答は、５歳で父がなくなり、13歳で母が亡くなったことから、教育の機会を失うことになったのであろうか。

もちろん卯女は、当時の女性の習い事（例えば、裁縫、生け花、お茶、琴、読み書き計算、家事一切など）はすべて習得していた。加えて彼女は、江戸から明治へという時代の変革の中で新しい生き方をしなければならなかった兄たちに刺激されて、当時としては最先端の仕事に従事している。それらは、例えば電話局の事務であり、ねじの技術の習得と指導などである。そこには、新しい時代に対応した職業人として生きようとした女性像が読み取れるのであるが。

〈勧められるままに嫁いで失敗〉

２つは、卯女は最初の結婚（足入れ婚）に失敗するが、この箇所については書きづらかったとは思われるが、もう少し詳細な記述が欲しかったということである。

この箇所を筆者なりに要約すれば、次のようになる。

身分の高い武家の子女というプライドもあり、聡明でもあった卯女が、結婚については勧められるままに嫁ぐ。夫は病弱で、卯女の意にほど遠い人物、それに舅は重病であった。病弱な家族を世話するために嫁に行かされたかたちの卯女の結婚であった。卯女は緊張と気苦労のする看護生活の中で疲労困憊し、遂に彼女自身も病に倒れ、生死をさまようほどの大手術を受けるという事態を迎える。

結局、この結婚は失敗に終わるのであるが、卯女はこの経緯を淡々と書いているだけである。少しの恨みも怒りも記していない。この結婚と卯女の記述とをどう考えるべきであろうか。当時にあっては、世話人（仲人）の仲介があって、親（家長）同士の合意で子女の婚姻が進められるのが通常であった。卯女の場合も、当時の慣習に従ったのであろう。まして卯女は、高家の武士の子女であったからこそ、素直に習慣に従わざるを得なかったのであろうか。

〈責任は誰にあるか〉

こうした（旧の家族制度下の）婚姻制度の下では、卯女のような悲劇が無数にあったのではなかろうか。卯女の場合、彼女は犠牲者もしくは被害者であったが、その責任は誰が負うべきであったのであろうか。

無責任な紹介をした世話人が責任を負うべきか。それとも、（両親はとっくに亡くなっていたので）吉田家の長兄が責任を負うべきであったのか。同じく、病弱な息子を承知しながら、嫁を迎えようとした病床に臥す若林が責任を負うべきか。筆者は、3人ともがそれぞれの責任を負うべきであると思う。

ここに3人の責任に触れる余裕はないので、長兄だけに限って論じてみよう。

彼は家庭でも問題行動を起こしていた人物であったが、卯女のこの件に関しても、相手方の健康状態や人柄、家庭環境などを十分に知ることもなしに妹を嫁がせようとしていた（もし、それを知っていて、それを卯女に知らせずして彼女を嫁がせたのであれば、その責任はさらに重い）。その判断と行動とは、家長としては無責任であったと言わざるを得ない。卯女が哀れである。

しかし、究極の責任は、当時の家族制度にあったと言わざるを得ない。その制度の下では、こうした不幸が頻繁に起こったに違いないからである。卯女はその制度の犠牲者、被害者であったのである。

〈卯女の勇気ある決断〉

卯女は悲運に負けてはいなかった。彼女は、夫が自分の描いていた基準と懸け離れていることを知るや、若林家を脱出する機会を待つ。そして、病気を理由に故郷の足守に戻る。この行動は、勇気の要ることであったに違いない。彼女の高い理想と毅然とした決断力とを示す行動であった。

それでも再度、若林家から父親の病気看病をして欲しいと請われると、卯女は自分の病気をも省みず、看病に出向いている。苦労している人々や苦しんでいる人々を無視することができないというか、自分が役に立つことができるならば、少しでも奉仕したいという、優しい心の持ち主であった。

塩尻節子は、卯女について、〃おばあさんは逆境の者に暖かい方であった一方で、女性には点の辛いきびしい面がおありでした〃という旨の発言をされたことがあるが、卯女の人物評として的を射た観察であるように思われる。とりわけ〃逆境の者に暖かい方であった〃という評は、この時にも該当するが、卯女のその後の人生においても貫徹された生き方であった。

〈卯女の再婚〉

ここで、卯女の再婚の話を追記しておこう。

卯女は塩尻級長雄と再婚するが、この結婚については、事前に塩尻家と級長雄についての情報を得ている。このことは、大きな進歩と言わなければならない。この結婚では、卯女は姑によく仕え、夫に対しては事業家としての能力を振るわせている。正しく良妻であった。

卯女は実の子には恵まれなかったが、義母として養女と養子の2人を育てるという賢母ぶりを発揮した。級長雄も卯女も養女と養子とを貰うことを急いだが、これは、塩尻家を継ぐために養子に入った級長雄と嫁として入った卯女とにとっては、塩尻家を継ぐ後継者をつくることが大きな使命であったからであろう。

〈危険な病気とは？〉

３つは、公明が前に書いていたように、母は「結婚してまもなく死を覚悟して手術台に上がらねばならない程の危険な病気」をしたとか、又は「母は若い時に背中に大手術をして未だに深い傷跡を残している」ということであったが、この病気と手術とはいかなるものであったのであろうか。卯女自身は、『おぼへがき』で、「入院」したとは書いているが、病名については書いていない。

筆者の推測であるが、つぎにみるように、級長雄と結婚して早々に養子縁組を考えたことを考えると、この病気と手術とで、彼女は子どもを産むことができなくなってしまったのではなかろうか。また、そのことについては、女性として書きたくなかったのはなかろうか。

〈養女をもらう〉

４つは、当時23歳であった卯女が塩尻級長雄に嫁いでから間もなく、塩尻家では養子（又は養女）を貰う話を進めていたのではないかということである。

卯女の『おぼへがき』によれば、夫の兄の三女（１９０８・４・29〜？）を「私の子として貰い受け」たということであるが、その時、卯女は31歳であった。

ただし、塩尻家の養子（又は養女）希望の話は、もっと早い時期から進められていたのではなかろうか。筆者がそう推測したのは、卯女が『おぼへがき』で、「兄に、女の子ばかり4人あり、末に一人男の子ができまして、その三女を私の子として貰い受けました」と書いているからである。

兄の家でも、女の子ばかり4人が続き、やっとその後に（おそらく1～2年の内に）高見家の家督を継ぐ男の子ができたから、女の子の一人を塩尻家に養女に出してくれたということである。それが、なぜ三女であったかは、分からないが。

〈公明を養子にもらう〉

5つは、塩尻家の後継ぎとなる養子を貰い受ける話は、高見家に養女を貰い受ける話よりも、もっと早くから備藤家に働きかけたのではないかということである。

この場合、備藤家の四男であった公明（1901年11月6日生）を養子に欲しいと申し込んでいたのではないかということである。

塩尻家、高見家、備藤家の三家は、昔から必要な場合には、相互に後継ぎを融通し合ってきたという。したがって塩尻家が備藤家に養子を申し込んでも、何ら不思議なことでも奇異なことでもなかった。しかし、家督を継ぐというのであれば、養子は女の子よりも男の子の方が好都合あるはずである。

実際、塩尻級長雄と卯女とが、公明の父の備藤壮太郎に対して公明の養子縁組を熱心に申し込んでいた（中谷彪『塩尻公明』、25〜29頁参照）。この話には壮太郎も乗り気で、公明にしきりに養子縁組を薦める手紙を書いている。しかしながら公明は、養子縁組の話をなかなか承諾しようとしなかった。公明の兄たちも、公明を養子に出すことに反対したようであった。

そこで塩尻家では、とりあえず養女を貰い受け、できれば、時間をかけて公明の養子縁組の話を進めようとしたのではなかろうか。表現は悪いが、公明が本命で、養女はダミー（身代わり）又は保険であったということであったようだ（このことは、後に公明が塩尻家を継ぎ、養女が元の高見家に戻ることになったことに示されている）。

〈公明と養女との結婚の問題〉

6つは、卯女が養子の公明と養女とを結婚させようと考えていたかどうかという問題である。これについて、卯女は『おぼへがき』では何も触れていない。謎のままである。以下の記述は、この問題についての筆者の推測である。ご了承を願いたい。

この問題については、卯女は当初から公明と養女とを結婚させるというような考え方を持っていなかったと思う。また、そのような事態になることなど予想しなかったであろうと思われる。ただ卯女は、家制度には固執していなかったが、できうれば塩尻家を継承していきたいという考え方を持っていたと思われる。それゆえに、将来的には、家督を継ぐ公明にはよい嫁を、養女にはよい結婚相手を、と考えていたと思われる。

もし公明と養女とが一緒になりたいというような成行きとなれば、卯女はどうしたであろうか。卯女は反対しなかったと思う。むしろ喜んで賛成したと思われる。反対する理由などなかったからである。

〈展開は不幸な道筋を辿ることに〉

ところが実際は、予想していなかったことが現実となってしまった。養子の公明が養女に恋をしてしまったのであった。それを知った卯女は、さぞかし驚いたことであろう。まさかまさかと思ったに違いない。

しかし、事態を把握した卯女は、すぐさま、でき得ることならば二人が自然な形で相思相愛の関係になればよいと考えるようになったと思われる。その限りで、力になれるなら、なろうと考えたと推測する。卯女は、愛情に無理は禁物であることを、体験上、知っていたからである。

〈公明の失恋〉

だが、事態は卯女の期待するようには展開しなかった。小さかった養女にとって、公明は兄であって、それ以上でも、それ以下でもなかった。養女は余りにも幼かったのだ。二人の間に挟まった存在である卯女は、何とかそれとなく公明と養女に接触して、両者の仲を取り持とうと努力した。

卯女の努力は実りそうになかった。公明の恋心の話が姉や周囲の人々にも知れ渡るにつれて、養女はますます公明を避けるようになった。養女の心は変わることはなかった。むしろ養女の心は、公明からも、さらに卯女からも離れていってしまった。公明と卯女とが接近するのに反比例して、二人と養女との関係は離反していき、遂に養女は塩尻家から去ることになってしまった。

(3)　人間の業と闘った卯女―母と子の強い絆―

〈強固な母子の絆〉

卯女と公明の絆はなぜ養女を弾き出してしまうほど強く堅かったのであろうか。最後にこの問題について考えてみよう。

しばしば聞く言葉に、〝人生には運命的な出会いがある〟とか、〝人生の出会いは運命的なものである〟というのがある。私たちの人生においても、そうした体験をした人たちがたくさんいるのではなかろうか。筆者もその一人で、偶然に近い意味合いをも含めても、複数回の体験がある。考えてみれば、〝人生には運命的な出会いがある〟とか、〝人生の出会いはすべて運命的なものである〃と言ってもよい事例が否定できないのではなかろうか。

卯女と公明の場合もその典型のひとつで、彼らは運命的に出会い、その後の長い人生の諸々の過程で、お互いを理解し合い、励まし合い、助け合って絆を深め強くしていったのではなかろうか。以下にその出会いと絆の深まりを追ってみよう。


〈運命的な出会い〉


その1は、卯女と公明との出会いは、やはり、運命的な出会いであったと考えることができるのではないかということである。

卯女と公明は、実の親子ではなくて、養母と養子として出会ったのであった。いわば、吉田家から塩尻家への嫁としての卯女と、備藤家から塩尻家への養子としての公明とが、塩尻家という共通の場で、たまたま出会ったのである。まったくの他人同士が、偶然に、他家から嫁と養子として出会い、親と子の関係になったのである。二人にとって、この出会いはまったく運命的なそれであった。

しかし、塩尻家を考えてみれば、級長雄も養子であった。それに祖母の柳、嫁の卯女、養子の公明、さらに養女を加えれば、家族5人が全員、実の親子関係でない関係で結ばれていた集団であった。その5人が塩尻家という家族を構成して生活していたのであった。これもまた、運命的に結ばれた家族であった。

〈愛情と相互理解の関係〉

その2は、運命的に出会った卯女と公明であったが、二人は実の親子同様の、否、それ以上の愛情と相互理解の親密な関係を構築していったということである。

親子における血の繋がりの力は大きいとは思う。しかし、その場合であっても、世の中には生育過程で対立し離反していくケースも少なくない。親の子殺し、子の親殺しといった事件さえ珍しくない。

卯女と公明の場合、卯女は自分のしっかりした思想（人生観・宗教観）を持った賢母であり、どこまでも子どもに愛を注ぐ慈母であった。公明は塩尻家での自分の立場をわきまえた賢明な子であり、母思いで心くばりのできる子であった。二人は、聡明でありながらも徹底的に母に悩みを訴え甘える子と、徹底的に子の甘えを許容し、子に同情しつつも、子を信じ、子を見守る母という関係であった。

このことは、塩尻家という同じ家庭で、卯女を共通の母（養母）として育ちながらも、養女と公明の生き方が違っていくことからも指摘できよう。すなわち卯女が『おぼへがき』で書いていたように、「生後1カ年足らず」で貰って育てた養女であったのに、やがて「折り合いが悪しく」(38)

なり、二十歳頃には離縁しなければならなかった。これもひとつの運命であった。この養女と公明とを比較して、卯女と公明との出会いと相性とが如何に良いものであったかは、二人の人生が如実に示している。

次に、二人の相性の良さを示す事例として、公明と母とのそれぞれが書いている文を引用しておこう。

母のいつもの口癖は、話の通じる者は実に有難い、ということであった。親子、兄弟、夫婦などであっても、全く別世界に住んでいることが多く、精神的には赤の他人と言わねばならない場合が多いのに、親子と生れて然も話の通じる同じ世界に住むことが出来るとは、何という有難いことであろうか、というのが母のいつもの口癖なのであった。(39)

救い難い寂しさを内にもっている二人の人間が、その寂しさを語り合いつゝ、寂しい人生の道連れとなっている、これが此世に於ける自分と母とのつながりの姿である、と思われた。(40)

母子一体とまでは言えないとしても、同朋同行の二人であったと言っても過言ではないであろう。

〈尊敬し敬愛し合う二人〉

その3は、卯女と公明は、お互いに尊敬し敬愛し合っていたということである。先ず卯女の公明への尊敬の念を示す表現を例示してみることにする。卯女は『おぼへがき』の最後のところで、次のように綴っている。

大慈悲の摂取を嬉しく有難く、只々南無（阿弥陀仏）と、御礼のうちに明け暮れて居ます。誠に不思議な私の一生を四方の皆様方にお礼申すのみです。よき師を御与え頂き、その上に、よき子を御授け頂き、自分の一生をもったいなく、もったいなく…（感謝する）のみです。

母の公明への尊敬の念については、公明の「母の手紙」の中でも綴られている。

母は、息子こそ己を知る者、という信頼の念をもっていた。自分宛ての手紙に、…我が知己なる公明殿へ、というような宛名を書いていることがよくあった(41)。

母は、少なくとも一人の人間を、渾身の力をあげて愛したのであった。「我乍ら不思議なことにはお前に対しては神や仏のような心持が湧いて来る」ということを、母はよく言っていた。…母が自分を愛したように誰かを愛することは、自分にはとても出来そうにも思われない。[42]

一方、公明の母への尊敬を示す言葉は、公明の「母の手紙」の次の一連の文章に示されている。

自分の一生に与えられた最も大きな恵みは母である、と思うようになった。…不思議にも、生れ乍らに自分に与えられ、何の努力もなしに向うからすらすらと与えられた母が、結局自分の一生にとっては最も大きな恵みなのである。…今もなお依然として、自分の一生に現実に与えられた凡ゆる贈物の中で、最も貴重な、最も有難い贈り物は、母の愛であった、という感情には変ることはないのである。[43]

自分の人生観の根底は、母が身を以て示して呉れた実例に依って決定されたように思われる。此の世に無私の愛というようなものが存在し得るということに就いては、自分は先ず、母に依ってその確信を与えられたのであった。…自分に対して、又或る瞬間に於て、私なき愛をもつことが出来、いのちをかけての愛をもつことが出来たということ、このことだけは疑う余地のない事実である。…自分が如何に絶望落胆の淵に沈んでいるときにも、また一切混乱の状態にあるときにも、少なくとも母を与えられているというこの一つの事のみは、之を恵みと感ぜずにはいられなかった。自分の一生にとっては、母は、疾風怒涛の中にたゞ一つ頑として持堪え、寂然として動かぬ巨巌のようなものだ、とよく思ったものである。(44)

自分にとって不思議千万とも思われることであるが、母は実に息子たる自分を尊敬していた。一個の道《どう》器《き》として、又人の心のわかる一個の人間として、又学問的才能其他の才能的要素に対してすら、尊敬の眼を以て自分を見ていた。世間的に診れば軽蔑されるのが当然至極と思われるような境遇や地位にいても、母の此の尊敬は遂に変らなかった。あゝ此の地上に、母ほどに自分を心から尊敬して呉れた人はいない。また此の後とても一人もいないであろう。(45)

先に公明も紹介していたように、「親子、兄弟、夫婦などであっても、全く別世界に住んでいることが多く、精神的には赤の他人と言わねばならない場合が多い」のに、以上のような卯女と公明の緊密な尊敬と敬愛の関係は、親子関係としても全く稀有な事例であると評することができよう。

〈人間の業との闘いの同行者〉

その4は、卯女と公明とを人間的に堅く結びつけた最大の、また最重要な要素は、二人が共に

〝人間らしく生きたい〟と願い、人間の業と悪戦苦闘したということである。人間の業と闘った二人、この点において、卯女と公明は正真正銘の同朋同行の者であった。

普通われわれは、自分を悪人とは見ないばかりか、自分は善人であると考える傾向がある。謙虚な人であっても、自分は小さな欠点を持っていることを否定しないとしても、全体として見ると善人であると思っているものである。だが、筆者に言わせれば、それらの人々は自称善人であって、悪人であることを知らないか、気づいていないか、又はまったく感知しない人か、である。

本当に真面目に人生を生きようとする人であるならば、人間如何に生きるべきか、人生の意義は何か、人生の目的は何か、人生の生甲斐は何か、人間の真の幸福とは何か、の問題について考え、思い、悩むのではなかろうか。その場合も、その人が真面目で誠実な人であればあるほど、人間の業の醜さと悪質さとを敏感に感得し、自らの成長のあまりにも未熟さに失望し、現実と理想との乖離の大きさに落胆し、自己の言動の罪悪感に苦悶し、絶望のどん底に陥るのではなかろうか。

卯女も公明も、人間の業の強さ、我執のしつこさ、主我の私情の浅ましさに絶望の淵に沈みつつも、その度に何とかそれらを克服しようとして悪戦苦闘したのであった。彼らの人生は、いわば人間の業との闘いの人生であったのだ。

卯女の場合、両親との幼い頃の死別、若い時には多病で弱かったこと、死を覚悟した手術、息子（公明）に対する絶えざる護念などで、人間の生きる意義を常に自覚しなければならなかったという経緯がある。公明は、卯女が人生の意義を求めて宗教的信仰を深めていった過程を次のように書いている。

少女の頃から尼になりたいと思い、宗教嫌いの家に主婦となってからのちも、家人が寝静まったのちに静かに宗教書類を繙くことを唯一の心の糧としてきた母、…年若い頃から浄土真宗の信仰を確固としてもっていた母…。(46)

また卯女は、息子の公明が天分と愛情の問題に突き当たり、苦しんでいる姿を身近に見つめながら、どうか彼には力強く生きて欲しいとひたすらに願う心も、彼女自身の信仰をより深めさせたようである。

昼も夜も責めさいなまれるようになった息子を、じっと見守っていなくてはならなかった母の心は如何に悲しかったことであろうか。息子と共に苦しむということしか出来なかった。また、神仏に祈る、ということしか出来なかった。…自らの体験に訴え、自らの信念に訴えて、出来る限りは自らの手で息子の苦しみを打開しようとして、涙ぐましい努力を続けたのであった(47)。

卯女の日記からも引用しよう。

5月11日……東京からの昨夜の手紙が終日胸につかえていて心配で堪えられぬ。近ければ一寸見に行けるのにと思うけれども、只自分は仏に念ずるより外に力はない。どうか無事に日々を過してゆくことの出来ますようにと、…祈るより外は術もない力のない自分である。…

5月17日……朝からあちらの事ばかりが忘れられぬ。万一精神に変ったことでもありはせぬかと心配でならぬ。…どうか無事でここ3、4年を過すことの出来るように念じている外はない。…凡てを御旨のまゝに、と念ずるより外ない。

5月19日……安らかでない迄も元気よく戦っていて貰いたいと日夜念じて居る。どうか守らせ給え、思召《おめし》のまゝになさせ給え、これより他には自分には念ずることは出来ぬ(48)…。

これを読むと、卯女が、大学生になってもなお依然として天分と愛情の問題に苦しんでいる息子（公明）の発狂を心配していたのみならず、時には彼の自殺をも心配していたということが分かる。卯女としては、「安らかでない迄も元気よく戦っていて貰いたい」と念ずるより他には、何もできなかったのであった。

〈如来を信じて自然法爾に生きる人間に〉

その5は、二人は常に謙虚に謙遜に生きようとしていたということである。謙虚に謙遜に生きるということは、愛に生きるということでもある。卯女は、限りない深い愛情を示しつつも、それを誇るどころか、自分を浅ましき煩悩者として恥じていた。

例えば、卯女はある手紙の中で、「私はよくお話をきけばきく程、今迄の生活の間違っていたことを深く感じさせられます。人を愛し過ぎることの魔道であることを、無愛でなければならぬことを、慈悲でなければならぬことを、心づかせられたことを嬉しく存じます(49)」と書いている。無私の愛の大切さに気付かされたことを嬉しく思うというのである。

また卯女は、大学1年であった公明に宛てた手紙の中で、次のように書いている。

> 静かに過去を振返りますと、凡ての人間が皆持って生まれた業報というようなものに引かれてはいますが、その受くべき業報の内で一番よい一番軽いものを皆が受けているように私には確く信じられます。ですから各人各人が行ける道を行かして頂くより外にはどうすることも出来ぬのだと存じます。…色々な苦しみや悩みがあればこそ、真の人間にも近づいて行けるのだ、と存じます。真にそう思うと、今迄自分を

苦しめていると思われた周囲の皆々は恩人だと思うようになるのです。そうすると、まるで世の中が変って、光明の中に暮す自分を思うようになります。その気持ちに暮せるときは自分は世界一の幸福者のように思えます。そしてどんな人とも仲よく暮し愛したいようになります。真に人を愛することの出来るようにならねば止まぬと、存じます。(50)

すべての人間は「持って生まれた業報」の中で「一番よい一番軽いもの」を受けるように運命づけられていること、そのことを知ると、「今迄自分を苦しめていると思われた周囲の皆々は恩人だと思う」ようになり、「世の中が変って、光明の中に暮す自分」を知り、「自分は世界一の幸福者」であると感じるに至る、というのである。また、そのことに気づくと、いろいろな苦しみや悩みがある人間こそ、かえって「真の人間にも近づいて行けるのだ」というのである。

さらにまた、公明が大学3年の時の手紙では、

先日は、…赤沼先生のお話、自然法爾という題で色々聞かされまして、ほんとに相すまぬ気持ちで色々考えさせられました。只々如来を信じていないところから色々苦しんだりするのです。それでほんとにあなたにも済まないと思っています。…凡ての力を信じられるならば、此の世の中に心配は少しもなくなります。私も早くそのような人間になりたいと思います、(51)

と書き、如来を信じていなかったことから苦しんだこと、それであなた（公明）への心配にも利己心があったことで済まなかったと詫び、今後は一日も早く、如来を信じて自然法爾に生きる人間になりたい、と願っていた。

公明も謙虚で謙遜に生きることに徹しようとした。彼の求道の生涯は、「随喜の感情」を得たい、利他心・愛他的精神の豊かな人間になりたいということであった。その詳細は、他のところで触れたので、それを参照願うことにしたい(52)。

〈少しでも優しい心の持主に〉

その6は、二人がともに最終的に到達した境地は他力本願のそれであったということである。

ここで改めて言うまでもないことであるが、卯女は、如来の本願力に対する絶対信頼の念（他力）を愈々純化させ、常に口に念仏を唱え、自らを世にも幸福なものと感ずるように成長していったということであった。

84歳になった卯女は、『おぼへがき』の最後の一節で、次のように書いて満幅の感謝の意を表現している。

一度目《ひとたび》を空に向ける時の私の心の豊かさ…。ほんとに自分一人のためにすべてが運行してあるかのような感じを頂いて、もったいないかぎり…。今日一日を大切に頂いて参りたいものと念願のみ。

この境地は、「弥陀の五劫思惟の願をよくよく案ずれば、ひとへに親鸞一人がためなりけり」（『歎異抄』）と言った親鸞の境地に等しい。まさしく、至福の境地であるといってよいであろう。

しかし『おぼへがき』の最末尾で、卯女は自分の至らなさを告白する。次のように、である。

御聖人様80幾つかの御時の御言葉を時々、幾度となく繰り返しつつ、自分の心のお恥ずかしさ、誠に皆々に対して相すまぬ事のみ。思いもかけず長命を頂くのも、日々新たに心（気）づかせて頂くためなのかと、…のみ。自我の強い自分のために、周囲の人々に不快な心を持たせる事、本当に相すまぬ心地…どうぞ今少しの間の命と思える自分、少しでも優しい心にあらせて下さるように念じるのみ…

この時に至っても、卯女は、謙虚に自らの心の未熟さ至らなさを懺悔し、「少しでも優しい心にあらせて下さるように」と念じているのである。

さて、前の文と後の文（最終文）との間に、乖離と落差とがあるのであろうか。否である。卯女は、後者で「自分の心のお恥ずかしさ」「自我の強い自分のために、周囲の人々に不快な心を持たせる事」を「相すまぬ」と自分を責めている。しかし、それは人間らしく生きるために生じてくる煩悩との闘いを証明していることに他ならない。人間は肉体を持つ人間である限り、煩悩を容易に断ち切れないのである。だが幸いなことに、嘆きが深ければ深いほど如来にすがる心はますます強くなり、如来の慈悲も大きくなり、卯女は救いの光明の中に包まれるのである。それは、とりもなおさず前者の境地に他ならないのである。

公明の場合も、最終的に到達した境地は他力本願（注・公明は、「すべて受取る」とか、又は、特定の宗派に属さないという意味を込めて、通常は「宗教的真理」と表現した）の境地であったが、その道程で、卯女から他力教の影響を強く受けた。彼は「母の手紙」の中で、次のように書いている。

これ迄の自分の心中にあくまでも矛盾対立をやめなかった自力教対他力教の問題が、漸く解決の端緒についいて、宗教的真理の一であることが、口頭の文句でなしに実感的に感ぜられるようになって来たことは嬉しい。(53)

公明は、最終的に到達した他力の境地を色々な表現で書いている。それらについては、次節で論じる内容とも通じるのであるが、できるだけ重複しないような部分を二、三紹介しておこう。

私自身の感ずるところでは、真に宇宙の絶対愛を感受しえたものであるなら、永生のあるかないかは偏えにその愛の手に委ねて、死後の運命がいかにあろうとも悪しき事の起りえないことに信頼しうる筈ではないかと思う。今日ただ今の瞬間から、無上幸福への不退転の必然の途上に立つという自覚のみで、その後のプロセスの紆余曲折はひとえに絶対他者のみちびきに委ねて、心からなる充足をもちうる筈であると思う。人間の心はそのように作られているのではないかと思う。(54)

結局自分の到達したところは、よく受取るということが最上の方法であるというところにあったのである。今にして思えば、受取る態度を真に手に入れるためのもっとも確実なる方法は、ただの一度でもよい、自ら進んでよく受取ろうと試みてみることであり、受取ることを敢えて実践してみることである。(55)

宗教的真理は一つである。私自身は、…宗教的真理の大無量寿経的表現乃至は親鸞的表現が身に近しく、様々の宗派をあさり歩こうとは思わない。(56)

(4) 卯女が与えた公明への影響

〈苦悩する公明を見守る卯女〉

公明が高等学校時代に天分に関する悩みと愛欲に関する悩みに陥り、生涯にわたってそれらの

２つの問題の解決のために苦悶し苦闘したことについては、公明自身が彼の多くの著書で触れてきたし、筆者も彼についての複数の評伝で紹介してきたところである。そこで、ここでは簡単に紹介することにとどめる。

公明は、自己の人生の不運を「人生の出発点に於て既に此の２つの問題に突当たらなくてはならなかった自分は、よくよく業の深い者というべきであろうか、最早普通人の普通の精神生活は自分には期待し得べくもなかった[57]」と吐露していた。

公明の煩悶と苦悩を傍らで見守り、励ますことしかできなかった卯女は、公明が発狂するのではないか、ひっとすると自殺でもするのではないかと心配したほどであった。

〈公明の涙ぐましい求道生活〉

しかし、公明は軟な人間ではなかった。彼は「自分には自殺の恐れはなかった。死にたい気持よりも、此の儘では死にきれぬという気分の方が、強かった[58]」と宣言する。

その後公明は、自分の当面している問題の解決のためには、自分が人間らしい人間（人格の完成した人間）になるしかないという仮説に到達するや、その実証のために自分をその実現のための修業に追いつめて行く。その修行は、一燈園での無所有の生活、越後曽根村での晴耕雨読の百姓生活、順正寺での坐禅、一四の法則の実行と変遷していったが、最後の一四の法則の実行については、公明がその生涯を終えるまで長期間にわたって継続したものであった。

〈人格完成の中核的要素は、愛他的精神〉

公明は度々挫折しながらも、遂に利己心を滅却し、利他心（愛他心、随喜の感情、大我的感情）を涵養する独自の方法に到達する。

我々の最高の目的は人格の完成にあり、殊に大我的感情の実現にある。(59)
人格完成の中核的要素は、愛他的精神の豊かなる成長にある。(60)

しかし、「我々の最高の目的は人格の完成にあり、大我的感情の実現にある」ことや「人格完成の中核的要素は、愛他的精神の豊かなる成長にある」ことを認めるとしても、それでは公明は、「大我的感情」とか「愛他的精神の豊かなる成長」をどのように実現するというのであろうか。

〈すべてよく受取るという生活態度の実践〉

この問いに対して「自分が経験した事実(61)」として公明が獲得した結論は、「受取るの一手」であり、「すべて受取る」という生活態度を実践するということであった。時に公明40歳前後であった。公明は次のように説く。

受取ることのもっとも根本的な効用の一つは、受取ることこそ真に実感的に人間性に対する信頼を深めてくれるものである、ということである。…今の自分には、一切をよく受取る態度を通じて、一見現実の人間には不可能と見えるような無私の愛情を磨き出すことが出来ると信じられるのである。…

何れにせよ我々は、隣人を愛すべきことを教えられてもそれに依って直ちに隣人を愛し得るようになれるわけではない。如何に美わしい人格完成の目標をかかげてみても机の上で如何にこれを精密に構想してみても、その目標に一歩も近づき得るものではない。更に進んで様々の徳を大いに練成しようと力め励んでみても、必ずしもその目標に近づき得るものとは限らない。素直に謙遜に、然し勇敢に逃避せずに、自己の受取るべきものをよく受取ること―中略―の連続を通じてのみ、愛情の獲得と人格完成への歩みとは実際に行われうるのである。かかる方法に依ってのみ人格の完成に近づき得るということが人間性の本来の構造なのである。(62)

加えて公明は、「よく受取る心構えは如何なる能力と境遇とにあるを問わず、あらゆる人々にとって、取ろうと思えば今日ただ今から取ることのできる生活態度なのである(63)」と念を押している。

しかし、以上の公明の「よく受取る心構え」は、よくよく考えてみれば、卯女の50〜60代頃の手紙や日記に見られた生活態度や考え方から影響を受けたものでもあった。卯女がそれらと同旨のことを『おぼへがき』の最終部分で書いていたことを、再確認する意味でも、再度引用しておこう。

只今の私の上を思いまして…誠に不思議な私の一生を四方の皆様方にお礼申すのみです。…一度目《ひとたび》を空に向ける時の私の心の豊かさ、…。ほんとに自分一人のためにすべてが運行してあるかのような感じを頂いて、もったいないかぎり…。今日一日を大切に頂いて参りたいものと念願のみ。

右に引用した卯女の文と同旨のことを、公明は「母の手紙」の中で紹介している箇所があるので、それを次に引用しておこう。

母の手紙の中に最も頻繁に現われている考え方は、起り来った一切の事件を、凡て意味あるものとして肯定しようとすること、及び起り来らんとする一切の事件と一切の苦痛悲哀不幸とを、凡て真正面から受取ろうとすること、の二つである。(64)

また公明は、母の日記の中にも「凡てがよかった」「凡てを受取る」イデオロギーがあったと紹介している。

今迄通うて来た自分の道のまちがって居ったことを、深く感じてほんとに何とも申しわけない。…矢張り、与えられるだけの命数は有難く受けて、そして少しでも罪滅しに凡てを念じて周囲の方々の信の幸福を願う他はない。自分に与えられる事々物々を受けて少しも逃げないで如何なる事でも充分に味って行く処に真の罪滅しが出来ると思う。…ほんとに私程の幸福者がまたと外にあるものではない気がする。(65)

卯女が引用文で言っていることは、「受取るの一手」であり、「すべて受取る」という生活態度を実践するという公明の心構えと同旨のことを、卯女なりに表現したものであった。

〈宗教的真理（又は生活的真理）に触れる〉

50歳代に入ると、公明は「受取るの一手」「すべて受取る」という表現の他に「宗教的真理に触れる」「生活的真理に触れる」という生活方法を主張するようになる。しかし、両者は同旨のことを、別の言葉で表現したものであった。何となれば、「受取るの一手」「すべて受取る」ということの根柢には、「一切の事件を通じて、自己の一切の衆生とを、涅槃の理想に向って誘引し育成せずにはいない大慈悲の力であるところの、仏の本願力に対する絶対の信頼[66]」が横たわっているからである。それは、言い換えれば、「他力の大慈悲に信頼するということ[67]」「他力に対する絶対の信頼の境地」「宗教的真理に触れるということ」である。

ここで、公明が宗教的真理（又は生活的真理）の意義について説明しているところを引用して、その説明に代えよう。

人間としての成長、完成と、人間としての最高の幸福の達成とは二にして一であること、また人間最高の幸福は他を愛しうる心の中にあること、その愛他的能力を伸長するためには万人に妥当する具体的方法論が存在していること、人生と自然との一切の存在と事件とは、人間としての成長、従ってまた愛他的能力の伸長を促進するように、換言すれば人間としての最高の幸福の達成を必然的ならしめるように、各人一人一人を囲繞して協力しつつあること、換言すれば各人一人一人が宇宙の中心にあって、全宇宙によって愛されていること、またこういう事実を体感することによって各自のうちにある愛他的能力はすくすくと成長し得るに至ること、凡そこれらのことを示すものが宗教的真理である。[68]

この真理も、公明が卯女の熱心な勧めで『盤珪禅師語録』を読んでヒントを得て体得することのできた境地であった(69)。

おわりに

本稿では、塩尻卯女の『おぼへがき』を紹介しながら、そこに示された卯女の生き方と思想とが息子の公明に与えた影響について論じてきた。論述が冗長に流れたきらいがあったが、ここで簡単なまとめをして本稿を閉じることにしたい。

１つは、卯女は上級武士の娘としての教育を受けて育った才女であったということである。つまり卯女は、気品高く育ったこと、女子としての習いごとの多くを習得していたこと、他人に対して優しく接し、他人を寛大に受け入れる豊かな精神を持っていたこと、自分の思想を持ち、自分の意見を主張する人であったということである。

２つは、卯女は、〝おおまかな人〟（公明の言葉）であったということである。〝おおまかな人〟というのは、こまごましたことに頓着しないこと、金銭や財産や所有に固執しないこと、生きるために最小限度のものがあればよく、それ以上の物は必要がないという生き方をする人という意味である。卯女はまさにその〝おおまかは人〟であったということであったと考えられる。

3つは、卯女は、人間的成長を最優先に考えたということである。

卯女は、人間の健やかな成長と発達とを最も大切なことであり、価値高いものと考えた人であったということである。彼女は先に〝おおまかな人〟として、金銭や財産の所有に価値を置かず固執しなかったと書いたが、それは彼女が人間的成長を最優先に考え最も大切に考えていたためであった。もちろん金銭や財産の重要性を無視していたのではないが、それらはあくまでも人間的成長のための手段と考えていたに過ぎなかった。

4つは、卯女は篤い信仰心の所有者であったということ、宗教的真理を正しく把握していたということである。

卯女の根柢に存在したもの、バックボーンとなっていたものは篤き信仰心、親鸞の浄土真宗への信仰であった。彼女が〝おおまかな人〟であったこと、金銭や財産や所有に価値を置かず固執しなかったこと、人間的成長を最優先に考えたことなどは、実は彼女の深き信仰心に起因していたと考えられる。全てを弥陀に委ねる他力教に立つ卯女にとって、救われるべく運命づけられている自分のことを少しも心配する必要はなく、ただ他の人々の幸福のために尽くし奉仕することだけを考え実行しておればよかったからである。卯女はそうした信仰をもって生きた人であった。

5つは、卯女の生き方と思想とが、公明の生き方と思想とに強い影響を与えたということである。

公明は卯女を尊敬し、その生き方と思想とから大きな影響を受けて育った。二人は〝人間の業〟と闘いながら人間らしい人間になるべく、同朋同行の人生を歩んだ。その結果、公明は一級の求道者、学者、教育者と評される人物になったが、その道程において、卯女が公明に及ぼした影響についてはいくら強調してもし過ぎることはない、ということである。

注

1　塩尻公明「母の手紙」『自と他の問題』羽田書店、１９４７年に所収。

2　同前の「序」及び「母の手紙」14～18頁によれば、「母の手紙」の最初の執筆原稿は、太平洋戦争における高知市空襲（１９４５年7月４日明方）で校舎が焼失した際、卯女の手紙や日記のほとんどすべてとともに焼失してしまったという。それゆえに「母の手紙」の原稿は、公明が残された僅かな資料と記憶とに基づいて復元したものであったという。

3　この1つが、川西重忠「多彩な河合栄治郎門下生—異能な思想家　塩尻公明—」野尻武敏米寿記念出版『経済社会学の新しい地平—私の実践経済社会学—』桜美林大学北東アジア総合研究所、２０１３年、３６７～３８１頁）である。ここでは、卯女の数通の手紙が紹介され、解説が加えられている。

4　見常不二子『聖霊に燃え聖霊にひれ伏す—不思議な体験記—』金星会、文庫版、１９７４年、非売品、全47頁。

5　塩尻公明会編刊『塩尻公明先生を偲んで』、1972年。

6　例えば、河上紫都香「武芸書の伝来と現状―備中足守藩吉田家弓術文書から―」お茶の水女子大学人間文化創成科学研究科、修了論文、2007年11月22日。

この研究の中に、吉田家と卯女と公明に関する記述があり、参考になるので、以下に引用しておこう。

「吉田家は岡山藩、足守藩に仕え、弓術指南役を務めることで印西派宗家としての業を継承してきた。…明治3年の廃藩置県により、吉田家にも変化が訪れる。当時の家長は吉田兵太夫弘方で、足守県少参事に任ぜられ、名前も吉田農夫也と改名した。…弓術指南の御役目はなくなったものの、台之助までは弓の稽古をしていたそうである。しかし、台之助の子、方恕で吉田の男系は絶え、吉田家にあった文書類の内、弓術に関する文書が方恕の叔母である卯女に託された。文書と一緒に矢、武具、甲冑《かっちゅう》も引き継がれ、卯女の手元にあったが、卯女の子、公明が早くに亡くなったため、卯女は方恕の妹の嫁ぎ先であった兵庫県の寺社、宝光院へ所持していた弓術に関する文書と矢を、足守町へ武具甲冑を委託した。正確な時期は定かではないが、昭和10年代、戦前のことだということである。」

貴重な記述である。ただし、この記述では、文書を委託したのが公明が亡くなった後の「昭和10年代、戦前のこと」になっているが、公明が亡くなったのは1969（昭和44）年である。話が合わないのであるが…。

6　塩尻公明「母の手紙」『自と他の問題』前掲、77頁。
7　同前、77〜78頁。
8　同前、87〜88頁。
9　同前、93頁。
10　同前、12頁。
11　同前、63〜64頁。
12　同前、64〜65頁。
13　同前、64頁。
14　同前、75頁。
15　同前、82頁。
16　同前、34頁。
17　同前、33〜34頁。
18　同前、57頁。
19　同前、35頁、原文では「お前」であったが、祖母は卯女をおうめと呼んでいたので、そう修正した。
20　中谷彪『塩尻公明―求道者・学者の生涯と思想―』大学教育出版、２０１２年、25〜29頁参照。
21　塩尻公明「眼を閉じて切る」『天分と愛情の問題』新生社、１９５０年、５頁。

22　塩尻公明「母の手紙」『自と他の問題』前掲、40頁。
23　例えば、中谷彪『塩尻公明』前掲、同『受取るの一手』大学教育出版、2013年、同『塩尻公明評伝』桜美林大学北東アジア総合研究所、2103年などを参照されたい。
24　塩尻公明「母の手紙」『自と他の問題』前掲、40頁。
25　同前、40〜41頁。
26　同前、41頁。
27　同前、41頁。
28　同前、41頁。
29　同前、41頁。
30　同前、41頁。
31　後日談になるが、二人は越後曽根村に滞在中に、数年分の生活費を銀行に預けたが、その銀行が不況下で倒産してしまい、全額を失うことになった。この事件は、当時、地方新聞でも不運な親子として報道されたようであるが、卯女も公明もこの件に関しては一切触れていない。精神面問題には徹底的に固執したが、金銭的な問題には固執しない二人の性格が如実に示されている例の一つである。
32　三宮慎助「塩尻先生の思い出」、南溟会編刊『時の流れに』南溟　第20号、1992年10月1日、296頁。

33　同前、296頁。
34　塩尻公明「母の手紙」『自と他の問題』前掲、69頁。
35　同前、69頁。
36　同前、70頁。
37　同前、70頁。
38　養女と「折り合いが悪く」なった理由としては、公明との気まずい関係もあったであろうが、卯女の厳しいしつけに対する反発があったのではないかと推察できる。塩尻節子は、「卯女おばあさまがこの方（養女）をそだてられたわけですが、別の女性の方から、〝卯女おばあさまは若い時には大層、厳しい、怖い方だった〟と聞いたことがあります。…おばあさまは、女性には点の辛いきびしい面がおありでした」と筆者に書いている。
39　塩尻公明「母の手紙」『自と他の問題』前掲、73頁。
40　同前、77〜78頁。
41　同前、73頁。
42　同前、80頁。
43　同前、3頁〜4頁。
44　同前、5〜6頁。

45 同前、71～72頁。
46 同前、6頁。
47 同前、40～41頁。
48 同前、42～43頁。
49 同前、45～46頁。
50 同前、47頁。
51 同前、48頁。
52 中谷彪『塩尻公明―求道者・学者の生涯と思想―』（前掲）を参照されたい。
53 塩尻公明「母の手紙」『自と他の問題』前掲、85頁。
54 塩尻公明「人生と信仰」『人生論』前掲、95頁。
55 塩尻公明「絶対的生活」『人生論』前掲、19～20頁。
56 塩尻公明「人生と信仰」『人生論』前掲、105頁。
57 塩尻公明「母の手紙」『自と他の問題』前掲、40頁。
58 同前、45頁。
59 塩尻公明「寂しさについて」『人生論』前掲、160頁。
60 塩尻公明「わが子の教育」『親の教育・子供の教育』新潮社、1958年、47頁。

なおここでは、公明は次のように書いている。

「人格完成の中核的要素は愛他的能力であって、これを欠けば他のあらゆる条件がそろっていても人間らしい人間といいえず、人格の多面的完成のいかなる要素を犠牲にしても、これ一つは最後まで尊重しなくてはならないものである。また愛他的能力こそ、人間のもちうる幸福のうちの最も高貴なものを与えてくれる源泉であって、この幸福をしらずに死ぬことは、人生に生れ出た所詮を欠くものとは言わなくてはならない。」

61　塩尻公明「絶対的生活」『人生論』、11頁。
62　同前、11〜12頁。
63　同前、14頁。
64　塩尻公明「母の手紙」『自と他の問題』前掲、82頁。
65　同前、86〜87頁。
66　同前、82頁。
67　塩尻公明「我が人生観の変遷」『人生論』前掲、48頁。
68　塩尻公明「人生と信仰」『人生論』前掲、90頁。
69　塩尻公明「母の手紙」『自と他の問題』前掲、82頁。

（資料）

塩尻うめ（塩老人・84歳）著『おぼへがき』

昭和37（1962）年3月1日、赤塚山の居室にて

判読者　中谷彪

＊執筆者の塩尻卯女は、塩尻公明の養母で、1879年に生れ、1975年に亡くなった（享年96歳）。

＊覚書の性質上、文章的には整っていない個所や時代順序が相前後している場合もある。明らかなミスは訂正した。

＊できるだけ原文を生かしながら、文意の通るように、最小限の補正を施した。

＊（　）内は、理解し易いように、筆者が補充した箇所である。小見出しも、筆者が付けた。

＊資料の提供者は、塩尻公明のご遺族の塩尻弘雄・節子夫妻で、お二人からは難解な草書体の判読に多大な助けを得た。

〈心覚えのままを〉

流行の風邪に見舞われて、2月25日午後から床中の人となる。26、27の両日は、とても咳深く、苦しむ。熱は余り出ず、37度5～6分位なるも、咳、痰、間もない様《さま》にて、一時はきっと肺炎となるのかと覚悟をせしものの。

大阪の御堂のできよる4月を前に、また、赤塚山の公明の家（の完成）も4月初めと聞きつゝ、見ぬうちにはどうも心残りでたまらず。でも時節の到来ならば、頂く外《ほか》ないことと覚悟はしても、どうぞ御堂ができましてからと、心のどこかで念じている自分に心（気）づき、ただ南無（阿弥陀仏）と申すのみなりしが、28日の明け方から、急に気分軽くなって、夜明けとともに、また生きさせて頂けると嬉しい心地がした。そしてその日、自由に自分のことができておった時のことがもったいなく、有難いことに思える。思えば、実に愚かな自分と申しわけもないかぎり…

塩尻卯女として84年も生きさせて頂けたお前は、どこからどのようにして今日が来たのかと、自分に初めて聞いて見たい心地がして、今は自分より外には年長者もなくなった今日、幼い時からのことを思い出してみたく、心覚えのままを…

〈吉田家の5人の末子として生まれる〉

父は吉田農夫也（1832～1883）といい、母は千代（1840～1892）という。（父は）旧備中足守藩木下家の重臣として明治の初めに参議官を務め、廃藩置県の後は戸長として、また永禄社という士族の報還金を以て会社を興し、現在は足守銀行（注・その後、中国銀行に合併）として残っているはずだ。

自分は2人の兄（台之助《だいのすけ》・1862〜1936、於菟之助《おとのすけ》）と2人の姉（婦喜《ふき》・1864〜1935、通《みち》・1872〜？）があり、自分はその5人の末子として、足守町となった現在の地に生れさせられた者。父は自分の5歳の時に51歳という若さで死去し、母は自分の13歳の時に、53歳でこれもまだ若いのに死んでいる。

〈長兄について〉

長兄は台之助といって12、13歳の時から漢学の塾、坂田啓行先生の所で23歳までこの道に励んだとのこと。

23歳で父に別れた兄（台之助）は、吉田家相続の大任を承けて、18歳になる福田直（福田雄二郎二女・1867〜1933）という妻をもたされて、私の6歳の時に姉（義姉）として迎えることになった。

〈備前の児島味野に転居〉

吉田家には、私の祖母があり、母があり、姉が2人ありしも、長姉（婦喜）は父の亡くなった年の秋に梶谷家（夫は糾《ただす》・～1916）へ嫁ぎ、小さい姉（通）と自分とは母と共に家に（住んでいた）。祖母は翌年の夏に死去して、家（族）は5人となりしが、その前後から長兄（台之助）は病気し（た）。それが風土病であるジストマと分かって、母は兄（台之助）にはよく相談もなく、兄夫婦（台之助と尚子）を備前の児島味野という海岸の地に、自分の里方の親戚のあるのを幸いに、転地させておいて、小さい姉（通）は岡山市の学校へ入学させ、後は永年住んだ家蔵《いえくら》をこぼち（＝解体し）、只《ただ》門長屋だけを残して、自分（母の千代）も私を連れて味野へ転地してしまいました。

兄（台之助）は味野の郡役所へ勤めるようになりました。その間に、兄には女の子（貞）と男の子（方恕《まさひろ》）の2人が生まれました。母の喜びを今もその当時を見る心地がします。よく男の子を背負い、私を連れて夕方、町へお使いに行った時のことが思い出されます。すっかり丈夫になった兄は、児島の地にしばらく住んでいました。

〈次兄は家田家を継ぐ〉

次兄は於菟之助《おとのすけ》といって、5歳の年から—父の弟で家田家を立てておった叔父（家田義比）は子供がなく、若くして亡くなったので—、（家田家の）相続人として吉田の屋敷の内に住んでおった。若い叔母（家田久子・1843～?）がいつも一人で、兄（於菟之助）は15歳位から東京に出て勉強をしており（ました）。私はその（家田の）叔母が大変好きで、毎日遊びに行き、時には泊まることもありました。そして、家田の子となると言っては、お膳を持って毎日通いましたことを思い出します。叔母は、後には私の姉について岡山へ出ていましたこともあり、また足守で姉と叔母と私の3人で暮らした時もあります。母は児島で長兄（台之助）と共に孫の世話をしていました。

〈次兄を頼って仙台へ〉

私の11歳位の時には、家田の兄（於菟之助）は23歳位で、文部省へ勤め、仙台へ第二高等学校が建築になるので、その技師として参り、妻を貰い、家田の叔母も共に仙台へ参りましたので、私の母は、私を家田の兄に教育を頼み、私を仙台へ送ることにしました。

丁度その時に、旧主家木下家（木下利恭）でも後継ぎの方がなく、足守に弟（木下利永）さんがあり、その方の御子に利玄《りげん》様（注・木下利玄《きのしたりげん》、1886～1925、明治大正時代の歌人。足守藩最後の藩主木下利恭の弟・利永の二男として岡山県賀陽郡足守町に生まれる。母は瀬原やす。5歳の時、利恭の死去により宗家木下家の養嗣子となり家督を継ぐため上京。学習院を経て東京帝大国文科卒業。佐佐木信綱門に入り活躍する）と申す6歳位の御子があって、（長兄の台之助が）その方を東京までお送りすることになり（ました）。昔のこととて、家扶《かふ》、家令《かれい》、お女中とか下男とか、その家扶や家令の家族の方々一行十数人の内へ、11歳の私も同行を（お）願い（しました）。

岡山市の袋屋という宿屋で皆さん方とお出会い（することになっていま）して、児島から人力車で母（千代）に送られて（参りました）。その（人力）車を引く者は、吉田（家）に若い時から若党として養われておった長蔵とよう蔵との2人の兄弟でした。この2人は（吉田家に）長い間おったのですが、時勢が変わり、若党としての用事がなくなったので、父（吉田農夫也）は2人に人力車を買ってやり（ましたので）、2人（は）とも（に）足守の町で車引きになって居り、いつも私どもを引いては岡山などへ連れていってくれて居りました。私の上京の時も、その2人が有根《うね》まで送ってくれました。

母（千代）と岡山で別れた私は、有根《うね》から汽車に生れて初めて乗るのです。岡山から十数台の車が続くので、道行く人達が嫁入りじゃ、嫁入りじゃと騒いだのを思い出します。

有根から神戸で一泊し、翌日は大阪を（通過したのですが）、大阪には上の姉の家（梶谷家）が（あり）、その当時は大阪へ住んで居りましたので、梅田の駅で兄（義兄＝婦喜の夫の梶谷糺《ただす》）が出迎えて、お菓子と〝ごむまり〟をくれたので、一行に小児（＝子ども）が私を入れて6〜7人もおったので、大変な騒ぎでした。

また、名古屋で一泊して、それから横浜で一泊して、（次の日）、利玄様には黒羽二重の御紋付お袴と、いかにも若殿様として、東京は新橋駅に着いたのです。そしてその当時は、神田神保町に木下家のお宅があったので、駅へはたくさんな旧臣方がお迎えに見えておったのです。

私は、（随行してきた）兄（吉田台之助）が忙しくて、代人の者が迎えに来て居り（ました。）、翌日は仙台へ（兄に）ついて参りました。ほんとに昔のことになりました。…

〈仙台での生活〉

叔母や兄夫婦（於莵之助夫妻）が喜んで迎えてくれまして、立町小学校（注・現在の仙台市立立町小学校）へ通うことになりました。

間もなく雪が降り出して、藁の草履で毎日通いましたが、町の子供は皆下駄で凍りついた雪道をカラコロ、カラコロと走ります。学校では、お友達が皆大切にしてくれました。

兄は、年若な、もう一角《ひとかど》の紳士でした。家には、老書生といった風な人も居候《いそうろう》をしておって、毎日、私を学校まで送ってくれたりしました。兄の住んでおった家は、元のお城近くにあって、静かな番町で黒板塀をめぐらした門構えの二階家で、下が5つ間、二階が二間《ふたま》の、中々よい家の感じが私に残っています。

朝は人力（車）が迎えにきて、また夕方は表からお帰りの声を聞いて、皆が玄関へお迎え（に出）ました。

〈兄の転勤で、新宿、そして足守へ〉

その翌年には学校（注・第二高等学校）ができ上がったのか、東京へ帰りました。そして牛込の宮比町（注・新宿区）へ住みました。私はまた赤城小学校へ通うことになりましたが、兄は間もなく文部省をやめて大阪府へ、そして奈良へかわり、住んで居りました。家族はまた足守へ帰ることになり、私は母の家で暮らすことになりました。

〈母と永別する〉

長兄（台之助）は、私が仙台へ参りました後、足守へ帰り、杉原という人の家を借りて住んで居りました。その隣は、田中という私の叔父の家（で）、それは父の末弟で佐五郎という人で、小鳥が好きで、色々の鳥が南向きの縁側に並んでおったことを思います。

2年足らずで足守へ帰ってきた私は、13歳でした。母は大変に病人らしくなって居り、丁度、岐阜・名古屋あたりの大地震などがあって心配したり、兄の息子が4～5歳で裏門の近くの壷に落ちたりなどして、驚いて床の中におった母が思わず出たりなどのことがあり（心労が重なったのでしょう）。片身不随になって二週間ばかりして、夏の暑い、暑い8月の16日にお参り（注・死去）してしまいました。私は春（に足守に）帰り、母は夏に亡くなり（ましたので）、わずか半年足らず（の生活）で永別となりました。

その時、私はチブスに罹《かか》って40度も熱が出て、家田の叔母の世話になって居りました。母の死（んだ時）も、夢うつゝの感じでした。

〈仏前で〝お母さん〟〉

母亡き後は、仏前にお参りしては、そっと、〝お母さん〟と呼んだことが度々でした。

木下家の家（の）中に私と同じ年の女の子が3人居りまして、毎日の様に出会って遊びました。（木村家の）御内《おうち》の一人などは、外で遊んで、もう帰ろうと（いうことになって）別れ別れに走って門に駆け込むと、大声に〝お母さん〟という（呼び）声を聞きつゝ、（母のいない）自分はそっと家に帰ること（になったこと）が、今でも思い出とな（ってお）ります。

〈歌舞伎座の思い出〉

私は15歳の頃、東京で半年以上居りましたと思えますが、その間に、歌舞伎座で団十郎の家康と春日局《かすがのつぼね》を見物した時のこと、今も目にちらつく思いです。春日局が花道から三代将軍の幼少の時、お相手の子供方と共に竹刀を持って、やあ、やあと出てくる後から、打《うち》掛《か》け姿に、髪は片外《かたはず》し（注・髪の結い方のひとつ）、長い笄《こうがい》（注・髪掻き）で、手に一本扇子を持って、褄《つま》を取って声掛けながら出て来たあの時の私の感激を、尚今もはっきりと胸にあります。足守でお友達にその話をして、自分がよろこんだのです。

〈長兄は製糸会社を経営〉

母の亡くなった後は、兄（台之助）が町の人々のためだと思って、製糸会社をこしらえる（＝興す）ことに夢中になって、姉の里（注・福田家）や、妹の婚家先（の）梶谷家などへ相談し、お金をこしらえ（注・工面し）（ました）。一方、父の後輩であった根屋の叔父さんという年長者、町では藤田林造というお金持ち、そんな人達を誘って、足守町では昔から旧家であった鳥羽という人の大きな家蔵を一部改造したりして会社に当て、根屋の老人を社長に、藤田を重役にして、自分は専務になり（ました）。一時は、町の人々も仕事ができ（ると言っ）て喜んで居りました。

〈神町へ転居〉

母の亡くなった家から間もなくの頃、神町という所に、山田という町医者の家が空いたので、その家に移りました。そこは、昔、軽い士族（＝下級の士族）が住んでおった町でしたが、その家は大きな蔵もあり、美しい庭もある二階建ての5つ6つ間数《まかず》のある家で、門内には見越しの松の美しいのがあって、表庭や門の屋根に美しく伸びて居りました。見事な松でした。…

〈次姉の結婚〉

その家に引越してから間もなく、小さい方の姉（通）が足守から三里ばかりも山の奥へお嫁に行きました。その家は、代々医者で有元と言い、姉の連れ合い（注・江田守二？）は二男で、医者ではなく、後には別に商売をしたり、醤油も造っていました。姉は岡山や大阪で勉強した人ですから、しばらくは山の中へ捨てられたと不足を申していましたが、男の子が4人もできて、よい子持ちとなりました。

〈長兄に困らされる〉

兄（台之助）にも次々と子供ができて、賑やかに暮らしましたが、兄は外では気受けのよい、皆から好かれるたちですが、家では我儘でもあり、若い頃から書画や古い道具、殊に支那好きの兄は、家族のことも時には忘れて、いろいろの道具を買って、少し飽きると、またそれを安く売り払い、また目新しいものと替えるので、家では、姉が盆暮の支払いも困ることが多く、私までも断りを言うのに辛い思いもさせられたりしました。

〈読書、裁縫、ねじを学ぶ〉

私は自分の行末のことなど心にかかり、とかく物思いがちに過ごすことが多く（なりました）。東京から帰りました当時は、読書は家で兄（台之助）に教えられ、裁縫は元の家の近くに石河という家へ習いに毎日通うようになりました。

その内に、製糸会社はだんだんとよくなりましたので、兄と相談してねじ師といって、女工さんが紡いだ絹糸を大きな枠にかけて枷《かせ》にしたものを、美しく捩《ね》じって束ね、それを12ずつ絞め木《しめき》にかけて太い絹糸で束ねる役、その仕事を（しようと思いました）。

備後の福山から百々三郎さんという養蚕の先生があり、その娘さんにお鈔さんという人があって、足守の会社へ女工ではなく、ねじ師として勤めておられて、吉田（家）へもよく遊びに見えたので、心安くなっておったので（す）。その人が福山の会社へ勤めるため足守（での勤め）をやめて帰られるので、自分はその技を身につけておきたく、兄に頼んで福山の百々の家へ数カ月居候をさせてもらい（ました）。その間に、春の養蚕も福山で本格的に習うことができ、ねじもできるようになったので、足守へ帰り、会社へしばらく勤めたこともありますが、（勤めた期間は）僅かで（した）。また（ねじを）習いたい人がで（て）きて、その人に（ねじを）教えて、自分はまた、家庭の人となりました。

〈兄が造った電信局を手伝う〉

兄はまた町へ電信局をこしらえる（注・造る）ことになり、自分がそれを引き受けて局長になるために、また家を今度は本町へ替わりました。その家は、足守の町では鳥羽（家）と並び立つ位の旧家で、たちばな屋という家をすっかり借り受けて、局を表へこしらえ（＝造り）（ました）。書記の人も置き、収配人も置いて（運営しましたので、兄の仕事は）、製糸会社と掛け持ちとなりました。その家も内蔵もあり、広い家でした。（私たちが）出た神町の家には、田中の叔父さん一家が入りました。

私は表の局を手伝いもしましたが、色々のことで姉（義姉の尚子）はいつも心配をして（いましたので）気の毒に思い、一時は兄を諫《いさ》めるために、書置きを残して死を覚悟したこともありました。

〈仏教の書物を好む〉

その頃から、私は仏教の書物を好むようになりました。それが今日の私をこの幸福に導いて頂けたものになったのだと思えます。…

〈長兄家族の苦境〉

その家に住む間に、梶谷の世話で、私を東京の親類（の）若林という家へ娘として縁づくことになり、その時は20歳になって居りました。その後で、兄は郵便局も会計がよく行かず、会社は藤田の弟や会計係を務めておった人達で（きりまわしていましたが）、兄の知らぬ間に横浜で、糸の定期（注・定期取引）とかをしてすっかり損をかけられ、会社は自然やめてしまい、局も町の人に譲り、自分（兄の台之助）はまた生まれた邸の門長屋へ建て増しをつけて引き移りましたが、足守にも住みかねて、児島郡鉾立村《ほこたて》というところに近藤という人があって、坂田の塾で長い間のお友達の世話で、有給の村長として参りましたが、初めは一人で行き、姉や子供は足守へ残して、随分、家族の者を困らせたこともあるようです。

〈生家にあった立派な松の木〉

私の生まれた家には、表門の脇、表庭のところに根元は2本ですが、一間ばかり上のところから2本に別れて3本の松と見えておりました。その高さは3～4丈もあり、その枝は丁度、塀の上位で南北に伸び、私ども幼い頃は皆でその松の枝に毬《まり》をかけて遊んでいました。3本の幹は同じように、いかにも真っ直ぐな形で伸び、下から4～5間《けん》位のところに、また太い大きな枝が3本の幹をまわって囲むように見え、その上は3本合うて1本かのように、丁度傘のような形をして、いかにも美しいものでした。足守へ久しぶりに帰る時、随分遠方から松が見えておりましたので、その嬉しさは人様《ひとさま》にお分りにならぬものと思います。300年位も経っていましたかと思います。小児心《こども》に、昔から近年虫がついたとて切り取られる前までは、少しの変りもなく、同じ感じを受けていました。戦争直後、切り倒されてしまいました。…

兄（台之助）はその松に雪がかかった時のことを詩に書いて、龍が空に登っているようだと喜んでおりました。吉田（家）の松といわず、町の人々は足守の松といっていましたが、主人のない松は切られてしまいました。

〈夢に終わった松の木の下のお堂〉

私は若い頃から自分が仏教をよろこび、聴くようになり、信ずるようになった時から、どうぞこの松の本へ阿弥陀様が座って下さるようにと念じていました。兄に会う度に、そのことを話して居りました。松の本へ小さいお堂を一室建てて、誰でも足守へ行く人はその家へ泊ることのできるようにと思い、一度は大正の頃、設計をしてもらったこともあるのですが、今は何事も、唯夢となりました。

〈若林家に足入れ〉

明治30年頃、梶谷の老夫婦に連れられて上京しました。その若林という家は芝区の桜川町というころにあって、門構えの大きな家でした。夫婦に男の子が3人、女の子が1人あって、長男（若林亀太郎）に私をめやわす（注・妻《め》あわす、結婚させる）つもりで引き受けるのですが、長男は支那にいて居って、その前（に）帰国して、身体が悪く、入院中と聞きました。1月頃上京して間もなく、退院した人を見ると、誠に弱々しい人で、余り賢くもなさそうな人なので、私は毎日毎日どんなにしてか足守に帰して欲しいと思い続けておりました。親たちは大変に大切にしてくれましたが、確か4～5月頃、〝足守へ病治療《やまい》に〟と帰りました。足守では、病気保養ということで、近くの温泉などへも行きました。

その内に、若林（家）では父親が老衰のようで大病になり、ぜひ私に帰って1日でも看病して欲しいと申し越されて、やむなく、また私は東京へ。そして10数日の後、死去しましたが、私が看病させてもらって喜びました。私も亦、やれやれと嬉しいでした。

〈家田兄のいる富山で入院生活〉

その時、家田兄（家田於菟之助）が上京して、その当時、兄は富山県に勤めて県の土木課長であったと思います。私の事情を聞いて、（中略）皆と話して、私を連れて富山へ帰ってくれました。私は半病人のようになって、間もなく入院しました。兄はその時の知事が静岡県へ転任について替わることになり、先に行き、叔母と姉と後に残りました。その当時、富山市は大火事で、市の半分以上も焼けましたので、病院も借り家でしたが、一時、家を片付けて、最後は2人とも、病院へ参りました。間もなく、私の退院とともに、静岡へ（行くことになりました）。県の若い方が2人ほど、静岡へ替わるために、私どもを送って下さいました。

〈静岡で南荘乗海師と御縁に〉

静岡では一番町という町で、なかなかよいところでした。富山から女中も付いて来ましたので、私は家田のお嬢様にしてもらい、すべて兄の世話になりますうちに、叔母について教覚寺へお参りしておりますうちに、南荘乗海先生は深い深い御縁を頂き、度々、家田（家）へもおいでくださってては、真宗の本儀をよく私一人を捉《つか》まえて、お説き頂けたのが、今日の有難い身の上となるもとの御縁でした。…

家田の兄（於菟之助）は子供がなく、よく私に養子を迎えてなど申していましたほど、大切にしてくれました。亡き母への約束もあってと、嬉しく思えて居りました。

〈塩尻級長雄《しなお》に嫁ぐ〉

明治34年、私の23歳の時、東京の水野と申す、足守藩の老人の世話で、同じ備中の人、岡田（村出身）の塩尻級長雄《しなお》に嫁することになり、4月3日、叔母と兄（台之助）について上京いたしました。塩尻は高見（高見《たかみ》実家《みのる》）の二男にて、兄は高見亀《ひさし》といって、その当時、時事新聞に勤め、編集長をして、後に大阪時事をこしらえ（＝設立し）、日本で第一に夕刊を出したのが兄でした。

…

塩尻（級長雄）は砲兵工廠へ勤めて麻布に住居《すまい》がありまして、そこへ、国（＝故郷）から養母（柳・1873～1909）が参って3人で暮らすことになりました。

〈お花、お茶、琴を学ぶ〉

麻布から長坂の上の市兵衛町へ移り、高見も近くへ替わりまして、しばらくの後、私は母の勧めで、生け花やお茶の稽古を始めました。娘の時とは違い、この道で一生を、と、力を入れて、毎日、お花の稽古に通いました。その道で度々八雲琴の音を聞き、しばらく立って居る自分に心（＝気）づくことがあって、母に話しましたら、さらえてもらえ（＝教えて貰え）と言ってくれましたので、ある日、そのお家へ参り、先生にお会いして、それから今村先生に、お花もお茶も八雲（琴）もお習いすることになりました。

今村先生はその時70歳余り、白髪の老人でした。先生は福山の阿部様の剣道の師範とかをされ、奥様は水戸の藩士（の娘）であったとか。お二人とも、よい方でした。数年後に、亡くなられたのです。

〈級長雄は桜セメントの経営に参加するが早世〉

7年ばかり東京で暮らしまして、私どもは大阪へ会社を作るから是非是非と兄（高見亀）に薦められて、兄の学校時代のお友達が平賀敏さんと（言っ）て大阪三井銀行に勤め、その外、色々と今の阪急もその人が（小林一三とともに）こしらえたのです。平賀さんが社長で、桜セメント会社を興して、（主人は）その事務長として入社し、後には専務になって、22年勤めて病死しました。…（亡くなったのは）昭和2年8月23日（で）、（享年）55歳で（した）。

〈東京生活では親戚の子を預かり世話する〉

塩尻家の人となって7年、東京時代に牛込の宮北町という丁度牛込見附と市ヶ谷見附の中間位の所でした。華族の門長屋のような家でしたが、その間に、吉田（台之助家）からは、長男の方恕《まさひろ》（1887~1948）も中学終えた位の時に、足守を無断で飛び出して来て困らせたことがあったり、その後は、長女のお貞《てい》（1886~・婚姻後改名して静枝）が、これは相談の上にて預かり、長く一緒に住みまして母（柳）の世話になったり、梶谷のお源《げん》（という）姉の長女（1886~1950）も通学のため預かり、これに津田（注・津田塾女子大学の前身）へ通うて居る若い女性が2人も居たり、また塩尻の親類で重田晴一という人を受験時代（に）預かったり、公明の（長）兄の井上正（母八重の実家の井上家を継いでいた。1888~1945）をしばらく入学前に預かったこともあり、母も（親戚の人たちを）よく世話しました。

〈若林の母と弟が会いに来る〉

その内に、（自分が）前に娘として貰われていた若林のお母さんと弟が、是非私に会いたいと、水野という塩尻へ（自分を）世話をした老人を以て（＝介して）申し込んで来たので、母は喜んで、〝そんなに思うてもらうことは結構なことではないか〟と承知してしまい、後日、弟を連れてお母さんが会いに来たこともあり、時々思い出しては、気の毒な思いをしたこともありました。すべてはお育ての道中と思えます。…

〈塩尻の母と日光参り〉

塩尻の母（柳）は、父（塩尻謹一郎・〜1893）が日光を拝見せずに死んだので、どうぞ、どうぞ一度と、かねて申しておったので、高見の母と2人を案内して3人連れで明治38〜39年頃に日光へお参りしたことがあり、その時、丁度、家田の兄のもとで静岡県に勤めておったことのある人が日光の御営繕係をしておられたので、特別に中をよく拝見させて頂けて、一泊し、老人連れとて裏見の瀧だけを見て帰りましたが、母（柳）はいつも白紙に父（謹一郎）の戒名をしるして懐に入れておったことを思います。

〈母と私との深い因縁〉

私と母とは前世に深い御因縁のあったことと思われますことは、南荘先生が、私が塩尻へ嫁してからは年1回は上京して下さって、先生の姉さんも芝高輪《しばたかなわ》あたりのお寺へしばらく来ておられたこともあり、また後には華頂の宗家《そうけ》へお勤めになったこともありますので、その度に私はお話を聞いたりしており（ました）。

〈母と信仰を巡って対立〉

一度、母とともに（南荘先生が）小石川のお宅へ見えておった時に参って、いろいろとお話を聞いている内に、ドン（＝正午を知らせる号砲）が鳴ったので、母は〝もう帰らねば他所《よそ》でお世話をかける〟と、そっと私に申しましたが、その時、私の心では、又後から何とでもできること、今大切なお話を聞かねばと思い、まあまあと止めて居る内に、母は急に、〝私はお先に〟と申して立ち上がり、さっささっさと表に出て行きましたので、先生も、〝では、お帰り〟と申され、私も後からおいとまして出て見ると、もう向うの方へちょこちょこと去る母の姿。後から自分も走って家の近くで追いすがり、ともに家に入りましたが、大変な立腹で、〝自分は話が分からぬからこれから旅に出てゆく〟、そして〝お前の言うことがわかったら、再びお願いして帰る、わからぬ間は行脚《あんぎゃ》する〟と言って、そろそろ荷物の始末にかゝりかけるのでした。

私はいろいろとなだめて夕方が参り、級長雄が帰りまして、私は叱られました。〝母のするようにまかせておけば良いのに、やぶへびということを知らぬのか〟と。母は観音様、御大師様と毎日、粗末な線香をたくさんに立てゝ、拝むような癖というよりは、そんな信仰でしたから、〝どうぞ、どうぞ（お母さんのお好きなように拝んで下さい。そして、おかあさんも真の信仰に目覚めるお導きがありますように）〟といつも私の心に念じて居りましたことから、そのような始末となりました。

〈解けた母の誤解〉

まあ、その時は夕食も頂いて休み、翌朝、主人はお勤めに出かけて参り、後はまた母と私とになりましたら、ふと昨日のことを母が私に聞いてまいりましたので、〝やれやれ〟といたして母と話しておりますところへ、表（玄関）から南荘先生がお越し下さいまして、母一人にいろいろと聞かせて頂き、母も喜んで聞きました。そのことがありましてから、母は人が変わったかのようになりまして、何事にも〝おうめ〟、〝おうめ〟と、お互いに話のどこまでか分かる人となりまして、幸いでした。…

〈京・大阪を見物した母の土産は肩掛け〉

その年か翌年位に、母（柳）は、その時、もう前から大阪の時事新聞ができるので参っておった高見の兄（亀）から京大阪見物を薦めて参りましたので、高見の妹が東京の学校に残って居りまして卒業し、大阪へ帰るのについて、東京を2人で発ちました。後で聞きますと、母は汽車が静岡駅へ着きました時に、出口に立っておりまして、発車前に下車して、同乗していました妹が、〝おばさん、おばさん〟という内に、母は、〝私はお寺へ行く、後から行くから〟と申したそうです。妹は心配しましたが、母は無事に南荘先生のお寺を訪ねて参り、1〜2泊させて頂いて大阪へ参ったのです。そのようなことがありまして、一カ月以上も京大阪を見物させてもらい、帰京しました。

その間に、東京から月末には小遣いも送りましたが、後で聞きますと、母は小遣いもなるべく使わずに、お土産に、その頃流行《はやり》出した角な（＝四角な）小さい肩掛けを私にと（言っ）て、お土産に買ってくれました。

〈大阪へ移転後に、母が死去〉

それから後に大阪に転ずることになって、初めは下福島に借家をして住みましたが、大阪の築港に会社の社宅が数軒建ち（ました）。その家に住むようになって、明治41年の4月13日に、母と別れてしまいました。それから私は4月の13日を私の修養日と決めて、後には、蜂屋先生に来ていただいたこともありました。母は1年余り病気しました。初めは肋間神経痛《ろっかんしんけいつう》で、困り、黒猫の皮を胸にまいたりしましたが、後には腎臓病になって、最後は肺炎を起こして亡くなりました……母は66歳でした。

南荘先生は、母と私の間柄《あいだがら》についてお手紙を度々下さって、真の親孝行はこのようなことをさせていただくのが有難いことなのだ、と大変喜んで下さいました。

〈南荘師によって蜂屋賢喜代師を紹介される〉

私共が大阪へ替わる時に、（南荘）先生は、大阪にはお寺がたくさんあるが、どこにも行かずに待って居るようにと、自分があなたを預ける人を探すから、知らせるまではどこにも行かぬようにせよ、と止めて下さいました。その後、一年余りして、ただいまの先生、蜂屋賢喜代（先生）のおところを知らせて（くださり）、よくお願いしてあるから訪ねて行け、と申して下さいました。誠に誠に勿体ない有難さと存じます。今日の日が参りますまでには随分といろいろの苦しみ、悩みを通らせていただきまして……蜂屋先生のお世話になること、54年にもなります。……

南荘先生はまだお若いのに、60歳前頃に脳溢血にて一日のうちにお亡くなりになりました。……ただ今も静岡市に教覚寺と申して、親鸞聖人様の24輩（注・親鸞の関東時代の高弟24人のこと）とか申して、お弟子様であった大きなお寺です。先生の一人のお子であった南荘乗心と申されるお方がありります。今、現に住職としておられます。私も時々、先生のお寺へお礼の心持ちにてまいることがあります。

〈養女を貰う〉

母（柳）と別れました私には子供がなく、主人の兄で高見亀《ひさし》という、当時は大阪時事新聞の社長として東京時事から参っていました兄に、女の子ばかり4人あり、末に一人男の子ができまして、その三女を私の子として貰い受けました。生後1カ年足らずでしたから、牛乳を以て育てました。

〈公明を養子に貰う〉

その子が12歳位の時に、塩尻家の清風梅宇《ばいう》と申す漢学の人、藩主の指導役であった人の息子が同藩の備藤家を継ぎ、その人の孫に当たる公明という中学4年の息子を塩尻家の後継ぎとして迎えることが急に決まり、大正8年の1月に築港へ父親に連れられて参り、当時は岡山一中在学中でしたから、岡山の寄宿舎へ帰り、その後は学校の休みにはいつもこちらへ帰ることになり、高校は東京（の）一高（＝旧制第一高等学校）へ行き、大学も東大（＝東京帝国大学法学部政治学科）を済ませました。

その間に、娘（廸子）との折り合い悪しくなり、女学校が済んでから東京の親類に預けて、学校へ通わせて居りました。

〈会社倒産、夫の死亡、保険金の分配〉

その内、主人（級長雄）は数年前から病気となり、床についています間に、会社は潰れ、芦屋へ家を建てましたが、それも充分にでき上がらぬ内に人手に渡すこととなり、会社の株券は病中に主人が人に貸せて、その利子で家事を続けて行く筈が、その人も破産してしまい、遂に何もなくなり、只、主人の保険金が少しありましたので、主人の死後、残った3人に分配して、私の分で借りてあったとかの人に渡してしまい、公明の分で生活する筈となりました。

〈越後での生活〉

娘は父（級長雄）が亡くなりまして、兄（高見亀）の家へ帰し、私等母子だけにて（暮らすことになりました）。父の病中から公明は学校卒業と同時に一燈園へ参っておりましたので、死去の前に帰宅して一燈園は出ることになりました。いろいろと考えさせられた末に、私等二人で越後のお友達が〝来い、来い〟と申して下さるので、新潟県の西蒲原曽根という町へ参り、公明はまた懸命に勉強することになり、この地に1カ年半ばかり居りまして（暮らしました）。

〈大阪の順正寺《じゅんしょうじ》の仮寓〉

昭和の4年6月に、石橋の順正寺《じゅんしょうじ》の門内を拝借して帰りました。帰る前に、蜂屋先生からいろいろとお教えを頂いて、急に帰ることになりました。それからは、私はもう公明を頼らずに、専心、聞法《もんぼう》させて頂きました。いろいろと今日からその当時のことを思いますと、あぶない崖の上を通らせられて居りました心地です。いろいろの善功御方便をもったいなく存じます。…

〈感謝の日々〉

そして只今の私の上を思いまして、不思議な心地がいたします。今日でも尚御方便を頂いて、日々、あぶない、あぶない道を通らせられて居りますことを感じつゝ、一方、大慈悲の摂取を嬉しく有難く、只々南無（阿弥陀仏）と、御礼のうちに明け暮れて居ます。誠に不思議な私の一生を四方の皆様方にお礼申すのみです。よき師を御与え頂き、その上に、よき子を御授け頂き、自分の一生をもったいなく、もったいなく…（感謝する）のみです。

一度《ひとたび》目を空に向ける時の私の心の豊かさ、…。ほんとに自分一人のためにすべてが運行してあるかのような感じを頂いて、もったいないかぎり…。今日一日を大切に頂いて参りたいものと念願のみ。

〈聖人様のお言葉を繰り返しつつ〉

御聖人様80幾つかの御時の御言葉を時々、幾度となく繰り返しつつ、自分の心のお恥ずかしさ、誠に皆々に対して相すまぬ事のみ。思いもかけず長命を頂くのも、日々新たに心（気）づかせて頂くためなのかと、…のみ。

自我の強い自分のために、周囲の人々に不快な心を持たせる事、本当に相すまぬ心地…

どうぞ今少しの間の命と思える自分、少しでも優しい心にあらせて下さるように念じるのみ…

（『おぼへがき』了）


（追補）

以下は、この『おぼへがき』の前後に、卯女が書き記した短歌と文章、自ら作った短歌である。卯女の当時の心境（宗教的信仰）を示す資料として供しておきたい。塩尻弘雄・節子夫妻からの提供である。

・昭和32（1957）年10月11日　柏崎にて　塩尻卯女（専意）（79歳）

乗りぬれば　はからい捨て丶　ゆく先は　たゞ舟人に　まかせてぞ　行く（蜂屋賢喜代先生）
阿弥陀仏　たすけたまえの　ほかはみな　おもうもいうも　まよいなりけり（蓮如上人）
あるがま丶　するがま丶　なるがま丶　それがそのま丶　つねによろしき（蜂屋先生）
事に大小なし　人を得れば　必ず治る

時に緩急なし　賢に遇へば　自から寛なり（聖徳太子）
仏に終わりて　逍遥して　自然に帰る

・昭和35（1960）年4月15日　赤塚山にて　塩尻卯女（82歳）
一道を　辿るほかなき　この身なり　たゞひとすじの　白きこのみち
何もかも　我一人の　ためなりき　今日一日の　命尊し
水火二河の中道に、白い道有り。（幅4～5寸）決定してこの道を渡るべし。決定の信こそ大切なり。信は根本なり。すべてなり。
春風の　姿はどこに　それそこに　柳の枝の　そこにそれそれ
御仏の　姿はどこに　それそこに　弥のぶるみ名の　そこにそれそれ（弥陀）

・昭和39（1964）年6月19日夜　柏崎にて　塩尻卯女（86歳）
差し当たり　そのことばかり　思えたり　かえらぬ昔　しらぬ行く末
今一度　事故を見直しましょう　他人を見る　あの鋭い目で
阿弥陀仏　たすけ給えの　ほかはみな　思うも言うも　迷いなりけり（蓮如上人）

・昭和48（1973）年12月6日　赤塚山にて　塩尻卯女（95歳）
岩もあり　木の根もあれど　さらさらと　たゞさらさらと　水の流るゝ（甲斐和利子姉）
（2014・1・29）

あとがき

本書は、一気に書き上げた全2章からなる小さな書物であるが、論稿自体は数年前から構想してきた論稿である。脱稿してすぐに公刊できることは、何としても嬉しいことである。

第1章の「河合榮治郎から塩尻公明への手紙」の中心部分は、2018年2月15日に開催された「河合榮治郎研究会」で基調報告「河合榮治郎と塩尻公明の師弟関係の一考察—河合から塩尻への12通の手紙の分析から—」として発表する機会を得た。会場となった桜美林大学四谷キャンパスでの研究会は盛況で、筆者の拙い発表に対しては、好意溢れるご質問や貴重なご意見を賜った。それらは、この論稿には直接反映されていないが、今後の研究課題として温めておきたい。

第2章の「塩尻公明と塩尻卯女—卯女の『おぼへがき』の考察—」に関連して、まだ、卯女の数通の書簡とその他の資料とが筆者の手元にある。いずれも貴重な資料であるので、機会があれば文章化してみたいと考えている。

さて、本書の執筆に際して多くの人々にお世話になったが、そのお一人お一人の名前を挙げることは断念しなければならない。しかし以下の人々だけは、敢えてお名前を付してお礼を申し上げたい。

まず、貴重な資料を提供くださった塩尻先生のご遺族の塩尻道雄様、塩尻弘雄・節子様（「おぼえがき」の解読にも協力を得た）に、お礼を申し上げたい。

つぎに、今回も原稿を読んでくださり、貴重なご意見をくださった我那覇繁子先生（大阪府立高津高等学校教諭）に感謝したい。

最後に、出版事情の厳しい時期にもかかわらず、本書の刊行を快諾してくださった一般財団法人・アジアユーラシア総合研究所と川西重忠所長とに、心から感謝とお礼とを申し上げたい。

2018年3月6日

奈良県五條市西吉野町和田52　塩尻公明記念館

中谷　彪

（著者略歴）

中　谷　　彪（なかたに　かおる）

1943年　大阪府に生まれる
1966年　神戸大学教育学部教育学科卒業
1968年　東京大学大学院教育学研究科修士課程修了（教育学修士）
1972年　東京大学大学院教育学研究科博士課程単位取得退学
1979年　イリノイ大学、ウィスコンシン大学客員研究員
1988～9年　トリニティー大学・文部省在外研究員
専　攻　教育学・教育行政学
職　歴　大阪教育大学講師、助教授、教授、学長を経て退官
現　在　大阪教育大学名誉教授、博士（文学・大阪市立大学）
塩尻公明研究会（代表）・塩尻公明記念館（館長）
n-kaoru43@plum.plala.or.jp

主要著・訳書

『現代に生きる塩尻公明と木村久夫』、『戦没学徒 木村久夫の遺書』、『「きけ わだつみのこえ」木村久夫遺稿の真実』、『塩尻公明評伝』（以上、桜美林大学北東アジア総合研究所）、『塩尻公明と戦没学徒木村久夫』、『塩尻公明ー求道者・学者の生涯と思想』、『受取るの一手ー塩尻公明評伝』、『塩尻公明と河合栄治郎』、『現代教育思想としての塩尻公明』（以上、大学教育出版）、『アメリカ教育行政学』（溪水社）、『教育風土学』、『1930年代アメリカ教育行政学研究』（以上、晃洋書房）、J.H.ニューロン『社会政策と教育行政』共訳、同『デモクラシーのための教育』、G.S.カウンツ『地域社会と教育』共訳（以上、明治図書）、R.E.キャラハン『教育と能率の崇拝』共訳、教育開発研究所、カウンツ『シカゴにおける学校と社会』共訳、大学教育出版、R.E.キャラハン『アメリカの教育委員会と教育長』共訳、F.W.テイラー『科学的管理法の諸原理』共訳（以上、晃洋書房）、他多数。

『河合榮治郎から塩尻公明への手紙―師弟関係の真髄―』

2018年7月12日　初版第1刷発行

著　者　中谷　彪
編　集　㈶アジア・ユーラシア総合研究所
発行者　川西　重忠
発行所　一般財団法人　アジア・ユーラシア総合研究所
〒151-0051　東京都渋谷区千駄ヶ谷1-1-12
Tel: 03-5413-8912　Fax: 03-5413-8912
http://www.obirin.ac.jp
E-mail：n-e-a@obirin.ac.jp

印刷所　藤原印刷株式会社

ISBN978-4-909663-04-7